W0392850

Schirner Verlag

Ulrike Dahm

Schattenheilung

Die dunkle Seite der Seele befreien

Schirner Verlag

Hinweis

Die Inhalte dieses Buches sind nach bestem Wissen und Gewissen von der Autorin zusammengetragen und geprüft worden. Sie ersetzen aber keine heilpraktische, ärztliche oder therapeutische Diagnose oder Behandlung. Weder Autorin noch Verlag übernehmen irgendeine Gewähr, Haftung oder Garantie.

ISBN 978-3-8434-1098-4

Ulrike Dahm:
Schattenheilung
Die dunkle Seite der Seele befreien

Umschlag: Murat Karaçay, Schirner,
unter Verwendung von #24342727,
(miiko), www.fotolia.de
Redaktion & Satz: Rudolf Garski,
Schirner
Printed by: OURDASdruckt!, Celle,
Germany

www.schirner.com

1. Auflage Februar 2013

Inhalt

Einführung **9**

Was ist eigentlich der Schatten? **17**
Der lichte Schatten 19
Der dunkle Schatten 23

Entstehungsgeschichte des Schattens **31**
Maskenspiel: Die Entwicklung unserer Persönlichkeit 31
Unsere innere Vielfalt erkennen 42
Ich will lieber ganz sein als gut 47

Die vier Dimensionen des Schattens **51**
Der biologische Schatten: Unser animalisches Erbe 51
Der kollektive Schatten: Die Achse des Bösen 54
Der Familienschatten: Bei uns ist alles in Ordnung 60
Der persönliche Schatten: So bin ich nicht 65

Schattenspiele: Begegnung mit der dunklen Seite der Seele **69**
Wie sich der Schatten im Alltag zeigt 69
Der Schatten der anderen ist interessant,
der eigene Schatten blamabel 76
Schattenspiele in Liebesbeziehungen:
Was wir nicht selbst entwickeln, das heiraten wir 79

Wie sich der Schatten im Körper oder in der Seele als Krankheit manifestiert 92
Die dunkle Seite von Religion und Spiritualität 101
Die dunkle Seite der Sexualität 108
Der Schatten im Traum 113
Der Schatten im Märchen und im Film 122
Schattengefühle 124
Liebe und Freude 137
Der Tod – Schatten der Schatten 139

Flucht vor dem Schatten: Unsere Abwehrmechanismen **147**
Die Verdrängung: Ach, wie gut, dass niemand weiß ... 147
Die Projektion: Gut, dass ich nicht bin wie du! 148
Die Reaktionsbildung: Eigentlich bin ich ganz anders ... 154
Das Ungeschehenmachen: Was nicht sein darf, kann nicht sein ... 155
Die Verleugnung: Mir passiert so etwas nicht! 156
Verschiebung: Immer auf die Kleinen! 157
Rationalisierung: Man muss das verstehen! 158

Auswirkungen des Schattens **161**

Die Früchte der Schattenarbeit **165**
Ganzheit 165
Wahlfreiheit 168
Lebendigkeit, Vitalität 170
Toleranz und Mitgefühl 171
Innerer Frieden – äußerer Frieden 172

Reiserouten nach innen:
Wie wir Licht ins Dunkel bringen können **175**
Entwickeln Sie Ihren inneren Reiseführer –
das Bewusste Ich 176
Achtung vor dem Inneren Kritiker 182
Achtsamkeit –
der Schlüssel zur Entdeckung des Schattens 190
Voice Dialogue:
Das Gespräch mit Ihren Schattenanteilen suchen 200
Schattenaufstellungen –
Aufstellungen des inneren Systems 204
Projektionen aufdecken – THE WORK von Byron Katie 214
Lassen Sie sich ehrliches Feedback geben 218
Was vermeiden Sie? 219
Ratschläge für andere zu uns zurücknehmen 221
Sich verteidigen, rechtfertigen, entschuldigen 224
Finden Sie das Gute im Schlechten und
das Schlechte im Guten 227
Ich bin ich – und ich bin du. Du bist du – und du bist ich.
Wir sind nicht getrennt. 232
Annehmen, was ist 234
Zum Abschluss 236

Quellen **238**

Über die Autorin **240**

Einführung

Wie habe ich als Kind den Michaelistag, den 29. September, geliebt! Traditionsgemäß gingen an diesem Tag alle Kinder in Augsburg auf den Rathausplatz zum »Turamichele« (auf Hochdeutsch: Turm-Michael). Das Turamichele ist ein Figurenspiel im Perlachturm und zeigt den Kampf des Erzengels Michael mit dem Teufel. Bei jedem Glockenschlag sticht der hölzerne Michael mit einer Lanze auf den zu seinen Füßen liegenden Satan ein. Der zuckte und zappelte, und wir Kinder zählten immer begeistert mit.
In meiner Kinderwelt war das Böse leicht zu besiegen. Erst Jahre später erkannte ich, dass dem Teufel, dem Schatten, nicht mit Gewalt beizukommen ist, denn Gewalt erzeugt nur Gegengewalt. Was das Dunkle, Böse, der Schatten am allermeisten braucht, ist unser Verständnis, Mitgefühl und unsere Liebe.
Zum ersten Mal kam ich bewusst in Kontakt mit meinem Schatten, als mein Mann mir eröffnete, dass er sich in eine andere Frau verliebt hatte und mich verlassen wollte. Im ersten Moment glaubte ich, mich verhört zu haben. *Mich* verlassen? Obwohl ich ihm innerlich schon längst gekündigt hatte und schon seit einem Jahr auf dem Weg aus der Beziehung war, gab ich ihm in einem Anfall rasender Eifersucht eine schallende Ohrfeige. Ich war außer mir und hätte ihn am liebsten erwürgt. Wie konnte er es nur wagen, *mich* zu betrügen! Doch die Ohrfeige brachte nur für kurze Zeit Erleichterung. Ich war noch nicht ganz aus dem Haus gestürzt, da wurde ich auch schon von abgrundtiefen Schuldgefühlen geplagt.

»So tief bist du noch nie gefallen! Jetzt löst du Konflikte neuerdings handgreiflich«, flüsterte mein Innerer Kritiker hämisch.
Ich war in einer Siedlung aufgewachsen, die die katholische Kirche für kinderreiche Familien gebaut hatte. Unsere Nachbarn hatten neun Kinder. Häufig hörten wir den arbeitslosen Vater betrunken herumbrüllen. Er schlug seine Frau und die Kinder, was meine Eltern sehr empörte. Sie waren gebildet und fühlten sich in diesem Umfeld immer als etwas Besseres. Und so war es natürlich für mich eine Katastrophe, als ich selbst handgreiflich wurde. In unserer Familie wurde nicht laut gestritten. Mein Selbstbild geriet komplett ins Wanken. Ich konnte es einfach nicht fassen, welch »mörderische« Aggressionen in mir steckten. Nie zuvor hatte ich mich so erlebt. Schließlich war Kontrolle eines der Dinge, die ich am besten gelernt hatte. Schläge und Schreien waren in meinem Verhaltensrepertoire bis dato tabu gewesen und primitiven Menschen vorbehalten. Zum ersten Mal in meinem Leben konnte ich mir vorstellen, dass ein Mensch einen anderen im Affekt mit dem Brotmesser niedersticht. Ich war schockiert. Ein Schattenaspekt hatte sich vorbei an allen Wächtern meiner Seele seinen Weg ins Bewusstsein gebahnt. Später sollte ich noch viele weitere dunkle Seiten meiner Seele kennenlernen.
Als ich 1990 zusammen mit Erich Keller das Buch *Sei dein bester Freund* (zuletzt 2010 im Schirner Verlag erschienen) schrieb, war ich der festen Überzeugung, dass ich mich selbst voll und ganz liebte. Ich fühlte mich kompetent, anderen Menschen dieses wichtige Thema näherzubringen, ihnen Selbstbewusstsein und eigene Wertschätzung zu vermitteln. Dass ich das Buch hauptsächlich für mich selbst geschrieben hatte, dass all die guten Ratschläge mir selbst galten, wäre mir damals nie in den Sinn gekommen.

Doch je tiefer ich in das Thema eintauchte, desto mehr wurde mir bewusst, dass die Liebe zu mir selbst auf recht wackeligen Beinen stand. Da ich in meinem bisherigen Leben als gute Vatertochter stets gesellschaftlichen Normen und Werten wie Leistung und Erfolg entsprochen hatte und die Natur mich darüber hinaus mit einem ansehnlichen Äußeren und guter Gesundheit ausgestattet hatte, war es keine große Kunst gewesen, auf mich stolz zu sein und mich zu mögen.
Nachdem ich die Vierzig überschritten hatte, sollte sich daran einiges ändern. Die ersten Falten waren leicht zu verkraften. »Auch eine Frau wird interessanter, wenn ihr Gesicht Spuren zeigt«, so tröstete ich mich. Als ich jedoch aufgrund meines ausgeprägten Leistungsmusters nach einer schweren Meningitis massive gesundheitliche Probleme bekam, die mich über Jahre hinweg immer wieder völlig lahmlegten, sah die Sache etwas anders aus.
Nach dem Erfolg meines zweiten Buches war der Zusammenbruch unausweichlich. Massive Rücken- und Kopfschmerzen wurden zu meinen Dauerbegleitern. Wie ich zu meinem eigenen Entsetzen feststellen musste, war die Selbstliebe in dem Moment, wo ich sie am meisten gebraucht hätte, plötzlich wie vom Erdboden verschwunden, und ein tiefer Selbsthass war an ihre Stelle getreten. Ich war verzweifelt. Würden die Schmerzen jemals wieder verschwinden? Mein Inneres glich plötzlich einem Schlachtfeld, auf dem blutige Kämpfe ausgetragen wurden. Ich schalt mich dafür, dass ich auf einmal nicht mehr so »funktionierte«, wie ich es wollte. Ich war wütend, weil mir mein Körper nicht mehr gehorchte. Ich schämte mich dafür, all die tollen Seminar- und Vortragsangebote, die zu erhalten ich mich jahrelang abgestrampelt hatte, wieder absagen zu müssen. Verletzliche, ängstliche und sicherheitsbedürftige An-

teile drängten sich, nachdem sie von Anbeginn meines Lebens ein Schattendasein führen mussten, massiv in den Vordergrund. Die Abwehrstrategien, die ich bisher erfolgreich eingesetzt hatte, um diese Teile nicht zu spüren, funktionierten nicht mehr. Der Schatten hatte sich verkörpert.
Mit dem gleichen Leistungsmuster, das meine gesundheitlichen Schwierigkeiten zumindest mit verursacht hatte, versuchte ich nun, diese Schwierigkeiten zu lösen. Ich rannte von Pontius zu Pilatus, von Arzt zu Heilpraktiker, von Masseur zu Akupunkteur, von Astrologen zu Psychologen. Nichts half. Doch ich gab nicht auf. Irgendetwas musste doch funktionieren und die Schmerzen zum Verschwinden bringen! Ich kämpfte mit allen zur Verfügung stehenden Mitteln gegen die Symptome, anstatt mit ihnen in wirklichen Kontakt zu treten.

Eines Tages fuhr ich mit dem Auto zu einem Massagetermin. Es war ein herrlicher Sommermorgen, die Luft war klar, der Himmel noch zart gerötet. Doch ich nahm die Schönheit, die mich umgab, gar nicht wahr, denn in meinem Inneren tobte ein Kampf. Warum ich? Was soll das alles für einen Sinn haben? Wie lange geht das noch weiter? Werde ich bis zum Ende meines Lebens Schmerzen haben? Plötzlich hörte ich in meinem Inneren eine Stimme, die sagte: »Wer sagt dir eigentlich, dass du keine Schmerzen haben solltest?« In diesem Moment geschah etwas, was sich mit Worten nur schwer beschreiben lässt. Plötzlich schwamm ich in einem Meer von Glückseligkeit, Frieden, Stille und Liebe. Ein tiefes Einverstandensein war an die Stelle der inneren Kämpfe getreten. Tränen der grenzenlosen Freude rannen meine Wangen hinab. Die Schmerzen waren immer noch da, aber sie spielten keine Rolle mehr. Etwas in

mir war größer als der Schmerz. Mit einem Mal verstand ich den Unterschied zwischen Schmerz und Leid. Schmerz, ob physisch oder psychisch, ist unvermeidbar. Unser Körper ist nun mal der Vergänglichkeit unterworfen. Doch erst der Widerstand gegen den Schmerz kreiert das Leiden. In dem Moment, wo der Widerstand aufhört, ist das Leiden beendet.
Dieses Erlebnis markierte den Wendepunkt in meinem Leben. Ich gestatte mir eine Auszeit – und fiel erst einmal in ein tiefes Loch. Einer meiner zentralen Glaubenssätze war immer gewesen: »Wenn ich nichts tue, geschieht nichts!« Dahinter verbargen sich eine abgrundtiefe Angst und Misstrauen gegenüber dem Leben. Ich hatte keine andere Wahl mehr, als mich dieser Angst zu stellen. Und siehe da, hinter der Angst lauerte ein tiefer, seelischer Schmerz. Der Schmerz des Nichtgehaltenseins, des Alleinseins. Ich konnte nicht vertrauen und mich fallen lassen. Irgendwann war ich am Boden des tiefen Loches angekommen, hatte die »Not-wendigkeit« meiner Krise erkannt. Der körperliche Schmerz zeigte mir die Geschichte meiner alten Wunden und nicht erfüllten Bedürfnisse. Er sagte mir aber auch, wie ich von nun an mir selbst eine liebevolle Mutter sein konnte. Von da an ging es langsam, aber stetig bergauf.

Ich bin viele Jahre mit dem Buch, das vor Ihnen liegt, schwanger gegangen, bevor es geboren wurde. Das Thema »Schatten« hatte für mich schon immer eine große Faszination, vielleicht weil es in meiner Familie viele Schattenthemen gab. Durch die Arbeit mit Voice Dialogue (ab Seite 32 in »Entstehungsgeschichte des Schattens«) wurde es auch zu einem Arbeitsthema. Ich möchte Sie mit diesem Buch einladen, sich den ungeliebten, schattenhaften Anteilen Ihrer selbst zu stellen und diese Anteile aus ihrem Verließ zu befreien.

Vielleicht fragen Sie sich an dieser Stelle: Warum sollte ich das tun? Warum sollte ich schlafende Hunde wecken? Was ich nicht weiß, macht mich nicht heiß! Warum sollte ich mich absichtlich den Kellerkindern meiner Seele widmen? Geht es mir dann nicht schlechter als vorher? Und was, wenn ich völlig abstürze? Ich kann Ihre Bedenken verstehen. Doch ich kann Ihnen versichern, der Lohn für die Schattenarbeit ist wie ein Jackpot in der Lotterie.

Dieses Buch versteht sich nicht als fixes Kochrezept nach dem Motto: »Man nehme ...«, und schon haben wir einen komplett neuen Menschen. Es kann jedoch ein hilfreicher Reiseführer auf dem Weg zu den unentdeckten Seiten Ihres Wesens sein. Diese Reise ist kein Wochenendausflug und kein Bungeejumping in die Tiefen Ihrer Seele. Ein Abenteuer ist sie sicherlich. Sie braucht jedoch vor allem zwei Dinge: Zeit und Geduld. Oft dauert der Prozess der Schattenintegration ein ganzes Leben. Die Arbeit mit den dunklen Seiten unserer Seele erfordert eine tiefe Bereitschaft und hohes Engagement, sich selbst besser kennen- und lieben lernen zu wollen, denn was wir im Keller unserer Psyche finden, ist zunächst meist nicht angenehm. Sonst wäre es nicht im Keller gelandet. Wir schämen uns für das »Gerümpel«, das wir dort, sicher geschützt vor den Blicken unserer Mitmenschen, aufbewahren.

Es ist nicht angebracht, unsere lange versteckten Kellerkinder ruck, zuck ans Licht zu zerren. Sie sind äußerst scheu und sehr schutzbedürftig. Nähern wir uns ihnen zu schnell und unsensibel, verstecken Sie sich noch tiefer im hintersten Winkel unseres Seins. Wenn es uns jedoch gelingt, uns ihnen zaghaft anzunähern, sie zu umarmen und ihnen Liebe und Verständnis zu geben, dann entdecken wir einen großen Schatz, den zu bergen unser Leben immens bereichern kann.

Dieses Buch ist ein Arbeitsbuch. Sie können Ihre Notizen direkt ins Buch schreiben. Ich würde Ihnen empfehlen, chronologisch, also von vorn nach hinten vorzugehen. Zudem haben Sie die Möglichkeit, sich mit anderen zusammenzutun und gemeinsam die Schattenreise anzutreten. Auch veranstalte ich immer wieder Schattenseminare. Näheres hierzu finden Sie am Ende des Buches.

Was ist eigentlich der Schatten?

Das Wort *Schatten* weckt in uns verschiedenste Assoziationen: Zum einen lässt es uns an kühle Oasen während eines heißen Sommertages denken, an Siesta unter einem Olivenbaum, zum anderen mögen vor unserem inneren Auge Bilder von dunklen Kellerecken und düsteren, zwielichtigen Gestalten entstehen. Der Schatten hat also gleichermaßen eine Anziehung und Faszination als auch etwas Abschreckendes für uns.

In der Natur sind Schatten und Licht untrennbar miteinander verbunden: Ohne Licht gibt es keinen Schatten – und ohne Schatten kein Licht. Wo auch immer ein Schatten sichtbar ist, da gibt es auch eine Lichtquelle. Und was in der Natur Gültigkeit hat, gilt auch für unsere Persönlichkeit: Es gibt Charakterzüge, die wir anderen Menschen gern zeigen, die »sozial verträglich« sind. Diese stellen wir gut beleuchtet ganz vorn auf die Bühne unseres Lebens, damit jeder sie sehen kann. Alles andere lassen wir im Halbdunkel oder verstecken es ganz hinter dem Bühnenvorhang. Es wäre uns peinlich, wenn unsere Mitmenschen diese Eigenschaften oder Verhaltensweisen bei uns entdecken würden. Wir befürchten negative Konsequenzen, wenn wir unseren Schatten zeigen würden.

Doch so sehr wir ihn verbergen mögen, tief in uns spüren wir, dass da etwas lauert, was große Macht hat, und das macht uns Angst. Wir glauben, dieses Etwas ist unkontrollierbar und böse, und wir sollten uns auf keinen Fall damit beschäftigen. Doch ob wir es wollen oder nicht, der Schatten verfolgt uns auf Schritt und Tritt. Er

dringt des Nachts in unsere Träume ein, macht uns unruhig und zu gehetzten Menschen, die stets auf der Flucht vor dem Unbenennbaren in unserem Inneren sind.
All die unliebsamen Gefühle wie Schmerz, Traurigkeit, Wut, Verzweiflung, Minderwert, Hilflosigkeit und vor allem Angst verstecken wir hinter unserer Maske. So werden wir zu perfekten Schwindlern, die sich selbst und andere so lange betrügen, bis wir nicht mehr wissen, wer wir eigentlich sind. Abgeschnitten von den oben erwähnten Gefühlen wundern wir uns, dass wir als Folge davon uns nicht mehr richtig freuen, unser Herz öffnen oder ein erfülltes Leben leben können.
Schließlich projizieren wir den Schatten auf unsere Partner, Freunde und Fremde und bekämpfen ihn dort, im Außen. Das scheint immer noch leichter zu sein, als uns mit unserem eigenen Schatten zu beschäftigen. Doch unsere Mitmenschen haben auch alle Hände voll damit zu tun, ihren Schatten auf uns zu projizieren. Keiner will die Verantwortung für die eigenen Gefühle und das eigene Scheitern übernehmen. Und so ersticken unsere Beziehungen in gegenseitigen Schuldzuweisungen, endlosen Auseinandersetzungen und lieblosem Nebeneinanderher.

Sprechen wir von unserem Schatten, so denken wir also meist an die dunklen Seiten unserer Seele. Doch der Schatten ist viel mehr: Er umfasst all das, was außerhalb des Lichts unseres bewussten Denkens und Fühlens liegt. Und das können ganz verschiedene Dinge sein. Letztendlich kann alles zum Schatten werden.
In unserer leistungsorientierten Zeit brüsten wir uns gern mit vollen Terminkalendern. Das Gefühl von Wichtigkeit stellt sich dann ein, wenn wir viel zu tun haben. Leistung bringen, »funktionieren« so-

wie Aktivität und Multitaskingfähigkeit zeigen sind Dinge, die von der Gesellschaft immer mehr erwartet werden. Dank Fernsehen, Internet, Radio, Telefon, Handy usw. können wir uns endlos beschäftigt halten. »Ich muss nur noch schnell ...« ist eine weit verbreitete Redewendung, die meist nicht hinterfragt wird.
Warum eigentlich »schnell«? Darf es nicht auch langsam sein? Viele Menschen schämen sich fast, wenn sie erzählen, sie hätten am Wochenende faul auf der Couch gelegen oder im Urlaub einfach nur »nichts« gemacht. Muße ist für die meisten ein Fremdwort geworden. Das einfache Sein, ohne irgendeine Beschäftigung, ist weitgehend verdrängt. Wir sehen keinen Sinn darin, es zu pflegen. Im Gegenteil: Wenn wir vielleicht doch einmal zur Ruhe kommen, weil wir alle To-do-Listen abgearbeitet haben, so wird uns die innere Unruhe umso mehr bewusst, und das empfinden wir als unangenehm. Und so kehren wir schnell wieder zu Hektik und Stress zurück.
Der Schatten hat mehr Einfluss auf unser Leben, als wir annehmen. Er kann in den ungeeignetsten Situationen zum Vorschein kommen, kann uns krank machen und unsere Beziehungen zerstören. Deshalb ist es so wichtig, dass wir uns mit ihm beschäftigen.
Wir unterscheiden den lichten und den dunklen Schatten.

Der lichte Schatten

Der lichte Schatten umfasst all das an Potenzial, was wir nie entwickelt haben. Unsere nicht gelebte Kraft, Kompetenz und Kreativität, versteckte Talente und Begabungen, die nie gefördert wurden, gehören zum lichten Schatten. Vielleicht sind Sie in einer Familie aufgewachsen, in der zwar sportliche Aktivitäten gern gesehen wurden, jedoch der Wunsch, ein Musikinstrument erlernen zu dürfen, bereits im Keim erstickt wurde. Oder Sie wollten im Grunde Ihres Herzens Kunst studieren oder eine Schneiderlehre absolvieren, doch Ihre Eltern betrachteten dies als brotlose Kunst, und so wurden Sie Lehrerin oder machten eine Banklehre. Vielleicht wurden Sie ausgelacht, als Sie vor der Klasse vorsingen mussten, und haben beschlossen, nie mehr den Mund aufzumachen. Oder aber Sie wollten immer Ballettunterricht haben, aber Ihre Eltern hatten nicht das nötige Geld. Es kann sein, dass Sie gern die Familie bekocht hätten, aber von Ihrer Mutter immer wieder hörten: »Das kannst du nicht.« Deshalb ließen Sie die Finger davon. Irgendwann geriet dieser Wunsch einfach in Vergessenheit – ein lichter Schatten wurde geboren.

Doch der lichte Schatten ist nicht einfach verschwunden. Er meldet sich auf seine ihm eigene Art und Weise. Er zeigt sich vor allem in der Bewunderung anderer Menschen. Das erklärt auch, warum TV-Shows wie *Germany's next Topmodel* oder *Deutschland sucht den Superstar* sich einer so großen Beliebtheit erfreuen. Da schaffen es ganz normale Menschen bis an die Spitze, dorthin, wo wir gern wären. Und wir fiebern mit ihnen, weil wir selbst gern so erfolgreich wären.

Leider veräußern wir in der Bewunderung anderer unser eigenes Potenzial. Wenn wir etwas oder jemanden bewundern, machen wir uns klein. Wir schauen zu der bewunderten Person auf und hätten gern etwas von ihrem Talent oder ihrer Fähigkeit. Doch anstatt vor Ehrfurcht zu erstarren, könnten wir uns fragen, wie wir uns etwas von dieser Fähigkeit aneignen könnten. Es mag sein, dass wir kein Weltklassepianist und keine Anna Netrebko mehr werden, doch das sollte uns nicht davon abhalten, Klavier spielen zu lernen oder in einem Chor zu singen. Alles, was Sie an anderen Menschen bewundern, gehört zu Ihrem lichten Schatten. Ob es die Kochkünste Ihrer Schwiegermutter sind, die Musikalität Ihres Nachbarn, die Großzügigkeit eines Kollegen oder die spirituelle Reife einer Freundin, all dies ist ein Schattenanteil von Ihnen, der nur darauf wartet, endlich ans Licht kommen zu dürfen.

Die größten Feinde des lichten Schattens sind der Innere Kritiker und der innere Perfektionist. Sie beobachten hämisch, wenn wir erste Fingerübungen am Klavier machen, einen Malkurs besuchen, im Fitnessstudio schwitzen oder uns an der Töpferscheibe versuchen. Der Sprung vom Anfänger zum Meister sollte ihrer Meinung nach möglichst in wenigen Wochen geleistet werden. Perfektionist und Kritiker erinnern uns an frühere Misserfolge und machen uns glauben, dass wir auch diesmal scheitern werden. Sie hindern uns daran, unser Potenzial Schritt für Schritt zu verwirklichen, in dem sie uns Dinge sagen wie: »Das schaffst du nie!«, »Dafür hast du kein Talent«, »Lass es bleiben.« Sie setzen die Messlatte so hoch, dass wir nur resigniert die Segel streichen können, häufig bevor wir überhaupt mit einer Sache begonnen haben. Wollen wir also etwas Neues beginnen, ist es wichtig, wachsam zu sein und uns von diesen destruktiven inneren Stimmen zu distanzieren.
Bewunderung kann schnell in Neid umschlagen. Auch dort zeigt sich der lichte Schatten. Warum sollten wir sonst jemanden beneiden? Verena Kast (*Der Schatten in uns. Die subversive Kraft.* dtv 2002) sieht im Neid die Abwehr von Trauer und Enttäuschung über Nichterreichtes: Ein anderer hat es geschafft, wir selbst sind auf der Strecke geblieben. So musste sich schon manche erfolgreiche Frau anhören: »Die hat sich doch einfach nur hochgeschlafen!« Die Kol-

legen gestehen ihr nicht zu, es durch Fleiß und Leistung geschafft zu haben, sondern entwerten sie, indem sie ihr nachsagen, sie hätte sich durch sexuelle Gefälligkeiten hochgedient. Statt den Neid als Herausforderung zur Aktivierung unserer eigenen Ressourcen zu sehen und Dinge anzupacken, stellen wir die Leistung des anderen infrage und greifen seinen Selbstwert an. Der andere hat einfach Glück gehabt, wir selbst sind nicht vom Schicksal begünstigt. Doch wenn wir uns Neidgefühle eingestehen, können wir sie nutzen, um unsere eigene Entwicklung anzuregen. Statt andere Menschen giftig zu beäugen, könnten wir uns fragen: Was kann *ich* tun, um mein Ziel zu erreichen? Was kann ich von dem Beneideten lernen? Wie hat er oder sie es geschafft, sein Ziel zu erreichen?

Übung: Mein lichter Schatten

Was bewundern Sie an anderen Menschen?
Worum beneiden Sie andere Menschen?

____

____

____

____

Wie könnten Sie sich die bewunderte oder beneidete Eigenschaft aneignen? Welche konkreten Schritte könnten Sie unternehmen, um das Gleiche oder Ähnliches zu erreichen wie die beneidete Person?

Was hindert Sie daran, Ihr Potenzial mehr zu entfalten?

Der dunkle Schatten

Wo Schatten ist, das ist auch Licht.

Dieses Buch widmet sich vor allem dem dunklen Schatten. Sigmund Freud, der Vater der Psychoanalyse, bezeichnet ihn sehr treffend als die Person, die wir lieber nicht wären. So umfasst der dunkle Schatten all jene Teile unserer Persönlichkeit, die unserem Ich-Ideal nicht entsprechen, die wir aus Angst, Scham, Nichtbeachtung oder Mangel an Liebe abgespalten haben. »So darf ich nicht sein, sonst werde ich nicht geliebt und anerkannt und erhalte keine Wertschätzung! Vielleicht werde ich sogar bestraft!«

Schon sehr früh haben wir gelernt, alles, was unseren Eltern und anderen wichtigen Bezugspersonen missfiel, zu verstecken. Wir entwickelten ein Idealselbst und identifizierten uns mit ihm. Alles, was nicht mit unserem Selbstbild übereinstimmte, wurde im Laufe der Jahre zum Schatten. Dieser regiert nun unser Leben mehr, als uns lieb ist. Immer wenn er aus seinem düsteren Gefängnis ausbricht, sind wir davon peinlich berührt und lassen nichts unversucht, unser Image wieder aufzupolieren.

In der Mythologie wird der Schatten gern als Teufel dargestellt, und was wir verteufeln, lehnen wir bekanntlich ab. So verwerflich, schamlos, aggressiv oder grausam wie die verteufelte Person wollen wir nicht sein. In der Literatur taucht der Schatten häufig als Widersacher oder Doppelgänger auf.

Ein bekanntes Beispiel dafür ist eine Erzählung von Robert Louis Stevenson. Seine Romanfigur Dr. Jekyll ist am Tag ein ehrbarer, hilfsbereiter Wissenschaftler, der sich in der Nacht in Mr. Hyde, einen bösen Verbrecher und brutalen Mörder verwandelt. Da wir jeden Charakterzug und seinen Gegenpol in uns tragen, da wir potenziell zu jeder Emotion fähig sind, gibt es das Böse – ob wir es wollen oder nicht – nicht nur in den Schlagzeilen, sondern auch in uns.

Die alten Griechen hatten in ihrer Religion Platz für den Schatten geschaffen und feierten ihn in dionysischen Festen. Bei uns gibt es nur wenige offizielle Gelegenheiten, wo Schattenanteile gelebt werden dürfen. Eine davon ist der Karneval. Wir maskieren uns, schlüpfen in eine andere Rolle und dürfen für wenige Stunden ein ganz anderer sein. Da werden aus biederen Bankangestellten forsche Seemänner und aus braven Lehrerinnen aufreizende Vamps. Es wird gefeiert, gelacht, getanzt, geflirtet bis in die tiefe Nacht, und nicht selten landet jemand nach reichlich Alkohol in einem fremden Bett.

Auch beim Junggesellenabschied geht es häufig heiß her. Ach, wie schön, wenn der baldige Ehemann noch einmal ganz legal mit

den Kumpels um die Häuser ziehen, hemmungslos saufen und der Stripperin an den Busen fassen kann, bevor ihm die Zügel angelegt werden. Auch in der Nacht vom dreißigsten April auf den ersten Mai, der Walpurgisnacht, der Freinacht, ziehen Jugendliche um die Häuser und toben sich aus, indem sie Autos mit Klopapier umwickeln, Mülltonnen verstecken, Waschmittel in städtische Brunnen kippen und dergleichen mehr. Nicht selten arten diese Aktivitäten jedoch in mutwillige Zerstörung aus. Was lange zurückgehalten wurde, bricht sich in dieser Nacht Bahn.
Jeder Teil unserer selbst, den wir nicht akzeptieren und lieben wollen, wird zum Feind und damit zum Schatten. Nicht selten sind abgelehnte Selbstanteile Ziel unseres Selbsthasses und werden dadurch noch mehr verschattet. Alles, was wir nicht in Besitz nehmen, besitzt früher oder später uns. Dabei übersehen wir, dass der vermeintliche Feind auch ein Geschenk, eine gesunde Kernqualität, für uns bereithält. Doch davon später.

Übung: Mein dunkler Schatten

Denken Sie an einen Menschen, den Sie ablehnen, der Ihnen auf die Nerven geht. Es kann jemand sein, den Sie persönlich kennen oder aber auch ein Mensch aus der Politik oder aus den Medien.

- Wer bringt Ihr Blut in Wallung, und wie macht die Person das?
- Was für eine Eigenschaft ist es genau, die Ihnen auf den Wecker geht?
- Was genau stört Sie?
- Was geht Ihnen auf die Nerven?

Notieren Sie die abgelehnten Eigenschaften. Machen Sie sich klar, dass alles, was Sie an anderen Menschen ablehnen, ein Schattenanteil von Ihnen ist.

____

____

____

____

Was kann ein Mensch, der über diese abgelehnte Eigenschaft verfügt, was Sie nicht können? (Ein geiziger Mensch kann z.B. sparsam sein, ein arroganter Mensch kann sich selbst wichtig nehmen.)
Was könnten Sie von ihm lernen?

____

____

____

____

Fantasiereise zum lichten und zum dunklen Schatten

Sie können sich die Fantasiereise von einer Person Ihres Vertrauens vorlesen lassen oder sie selbst aufnehmen und sich dann vorspielen. Ich habe für die Reise das persönlichere »Du« gewählt, weil das Unterbewusstsein dafür zugänglicher ist.

Vielleicht hast du eine sanfte Musik aufgelegt, die dich auf dieser Reise begleitet ... Schließe die Augen, und rücke dich nochmals zurecht, sodass du wirklich bequem daliegst oder -sitzt. Spüre jetzt die Unterlage, auf der du liegst oder sitzt, richte die Aufmerksamkeit auf deinen Atem, nimm ganz bewusst wahr, wie der Atem ein- und ausströmt, ein und aus ... Jetzt, in diesem Moment, gibt es nichts für dich zu tun, du kannst einfach loslassen, dich jetzt oder nach einer Weile fallen lassen, dich ganz auf den Moment einlassen, einfach da sein ...

Stelle dir nun vor, dass du in einem leeren Raum stehst, erwartungsvoll wie bei einem Rendezvous, und während du so dastehst, siehst du vor dir eine Tür. Du öffnest die Tür und befindest dich im Flur des Hauses, du gehst den Flur entlang, er öffnet sich hin zu einer Terrasse, du trittst hinaus ins Freie und siehst vor dir einen wunderschönen Garten ... Voller Freude gehst du durch diesen Garten und betrachtest die Blumen, Sträucher und Bäume. Alles steht in üppigem Grün, und die Blumen verströmen einen betörenden Duft. Es ist ein herrlich warmer Tag, ein leichter Wind weht durch dein Haar und die Vögel singen. Achte auf die Farbe des Himmels. Du kannst spüren, wie sicher und geborgen du dich in diesem Garten fühlst. Verweile einen Augenblick, und atme die Schönheit, die dich umgibt, tief ein.

Und nun entdeckst du einen schmalen Pfad, seine Steine glitzern in der Sonne. Irgendwie zieht dich dieser Pfad an, und du gehst ihn entlang, Schritt für Schritt, alles ist licht und hell ... Der Pfad schlängelt sich durch den Garten, er führt dich hoch auf einen kleinen Hügel ... Auf der Mitte des

Hügels steht ein großer Baum, seine mächtige Krone ragt hinauf bis in den Himmel ... Es gibt keinen Platz auf der Welt, wo du dich im Moment wohler fühlen könntest ... Und nun setzt du dich unter den Baum und schließt die Augen. Gleich wird dein lichter Schatten in dein Bewusstsein treten, ein Aspekt von dir, der schon immer da war, der immer darauf gewartet hat, mehr gelebt zu werden ... Und so kannst du vor deinem inneren Auge jetzt einen Anteil von dir erscheinen lassen, dich, wie du schon immer sein wolltest, mit all deiner Lebendigkeit, Kreativität, deiner Kraft, Freude, deinen verborgenen Talenten ... Visualisiere dich in deinem vollen Potenzial, voll inneren Friedens, ganz in deiner Mitte und tief erfüllt ... Wie siehst du aus? ... Was tust du? ... Wie fühlst du dich? ... Welche Worte tauchen auf? ...

Bitte jetzt deinen lichten Schatten, sich neben dich zu setzen. Nimm seine Hände in deine Hände, und schaue ihm in die Augen ... Frage den lichten Schattenanteil, wie du ihn mehr in dein Leben bringen kannst ... Frage ihn, was du als konkreten nächsten Schritt tun kannst, um ihn zu verwirklichen. Höre, was er antwortet ... Frage ihn, was dich daran hindert, ihn zu verwirklichen, und wie du dies überwinden kannst ... Und höre ihm zu ... Und jetzt überreicht dir dein lichter Schatten ein Geschenk, das dich daran erinnern soll, ihn mehr in dein Leben zu bringen ... Umarme ihn nun, danke ihm für die Begegnung und das Geschenk, und versprich ihm, ihn nie wieder zu vergessen ... Jetzt verabschiedest du dich von deinem lichten Schatten ... Gehe nun langsam den Pfad zurück, den Hügel hinunter, durch den Garten, bis du wieder auf der Terrasse des Hauses bist ... Spüre, wie du

dich nach dieser Begegnung fühlst, und atme nun fünf Mal tief durch.
Jetzt gehst du zurück ins Haus. Du stehst im Flur und siehst vor dir einen Fahrstuhl. Die Tür des Fahrstuhls öffnet sich wie von selbst, und du betrittst ihn und fährst langsam zehn Stockwerke nach unten. 1 – 2 – 3 – 4 – 5 – 6 – 7 – 8 – 9 – 10.
Als die Tür sich öffnet, befindest du dich an einem sehr dunklen, unheimlichen Ort. Lasse in deiner Fantasie einen Ort entstehen, an dem du niemals sein möchtest ... Wenn du diesen Ort in deiner Vorstellung erschaffen hast, atme tief und langsam durch, und schaue dich um: In einer dunklen Ecke entdeckst du dein dunkles Schattenselbst, dich in deiner unangenehmsten Form, so, wie du auf keinen Fall sein willst. Lasse ein Bild von dir in einem verabscheuungswürdigen Zustand auftauchen. Versuche, dich zu sehen, wie du aussiehst, welche Kleidung du trägst, welche Frisur du hast. Wie fühlst du dich? Was ist es, das dich so unangenehm, so abstoßend macht? Was tust du? ... Lasse jetzt Worte auftauchen, die das dunkle Schattenselbst, das du vor dir siehst, beschreiben ... Wenn du deinen dunklen Schatten genau betrachtet hast, gehe langsam auf ihn zu. Frage ihn, was du für ihn tun kannst, damit er sich besser fühlt, damit er seine negativen Eigenschaften transformieren und ein hilfreicher Anteil für dich werden kann... Und höre, was er sagt ... Und vielleicht sagt dir dein dunkles Schattenselbst, dass es in Wirklichkeit gar nicht so übel ist und dass es unter deiner Ablehnung leidet... Vielleicht sagt es dir, dass es seine wahren Qualitäten erst entfalten kann, wenn du es annimmst ... Und nun überreicht auch dein dunkles

Schattenselbst dir ein Geschenk, das dich daran erinnern soll, dass es zu dir gehört und dir helfen kann, Ganzheit zu erfahren ... Langsam verabschiedest du dich von deinem Schattenselbst, und nun gehst du wieder zurück zum Fahrstuhl. Du fährst die zehn Stockwerke langsam nach oben. 10 – 9 – 8 – 7 – 6 – 5 – 4 – 3 – 2 – 1. Du trittst heraus in den Flur, du öffnest die Tür und findest dich in dem leeren Zimmer wieder.

Und immer noch darüber erstaunt, was dir alles passiert ist, spürst du dich ganz im Hier und Jetzt, zentriert und kraftvoll. Und du bittest jetzt deinen lichten Schatten, zu erscheinen und neben dir Platz zu nehmen. Und lasse dich für einen Moment seine Energie spüren, und atme dann die Energie wieder aus. Rufe jetzt deinen dunklen Schatten, und lasse dich auch dessen Energie fühlen. Und löse dich mit einem tiefen Atemzug auch wieder von der Energie des dunklen Schattens. Sage dem dunklen Schatten, dass du dir Zeit nehmen wirst, ihn besser kennenzulernen, ihn zu verstehen und lieben zu lernen. Zeige ihm dein Mitgefühl und Verständnis ...

Und ganz allmählich komme mit deiner Aufmerksamkeit wieder in diesen Raum zurück, strecke dich, gähne, und sei wieder ganz hier.

Sie können die Fantasiereise noch vertiefen, indem Sie im Anschluss Ihren lichten und Ihren dunklen Schatten malen.

Entstehungsgeschichte des Schattens

Maskenspiel: Die Entwicklung unserer Persönlichkeit

Die Geburt des Schattens ist untrennbar mit der Entwicklung unserer Persönlichkeit verbunden. Das Wort »Persönlichkeit« leitet sich vom Wort »Persona« ab, das wiederum seinen Ursprung im Schauspiel im alten Griechenland hat. Die Schauspieler zogen sich eine Maske, eine *Persona*, an und identifizierten sich mit ihr. Und wie diese Schauspieler lernen auch wir bereits in frühen Kindertagen, uns eine Maske zuzulegen. Diese Persona bestimmt dann, wie wir uns anderen Menschen zeigen, um akzeptiert und geliebt zu werden. Sie ist abhängig von familiären, gesellschaftlichen und religiösen Normen, Werten und Regeln. Und so haben Menschen auf einer kleinen Südseeinsel eine andere Persona als ein Westeuropäer, und ein Moslem unterscheidet sich in seiner Persona mitunter gravierend von einem Christen.

Als kleine Kinder waren wir noch sehr ehrlich. Wenn die Tante uns ein Geschenk mitbrachte, das wir nicht mochten, dann sagten wir einfach: »Das mag ich nicht.« Warum sollten wir lügen? Wir wussten ja noch nicht, dass diese unschuldige Aussage jemanden verletzen konnte oder dass wir dafür Missbilligung ernten würden.

Erst als die Eltern uns verboten, so etwas zu sagen, fingen wir an, uns zu verbiegen und unehrlich zu sein. Wir lernten, uns für unsere Ehrlichkeit zu schämen und in Zukunft diplomatischer zu sein.
Ich möchte Ihnen im Folgenden die Entwicklung der Persönlichkeit und die damit einhergehende Entwicklung des Schattens nach dem Voice-Dialogue-Konzept vorstellen. **Voice Dialogue** ist eine Methode, die vor circa vierzig Jahren von Dr. Hal und Sidra Stone, zwei jungianisch orientierten Psychologen aus Amerika entwickelt wurde.
Voice Dialogue arbeitet mit unseren Persönlichkeitsanteilen oder, wie wir im Voice Dialogue sagen, mit unseren inneren Stimmen. Da gibt es Stimmen, die das Ruder unseres Lebens völlig in die Hand genommen haben und unser Denken und Handeln in einem Übermaß bestimmen. Andere Anteile führen dagegen ein Schattendasein und wurden von uns vielleicht noch nie bewusst wahrgenommen. Ziel dieser Methode ist es, ein Bewusstes Ich zu entwickeln, das, ähnlich dem Dirigenten eines Orchesters, all die verschiedenen Persönlichkeitsanteile kennt, wertschätzt und ihnen den ihnen gemäßen Platz im inneren System zuweist.
Wenn wir auf die Welt kommen, sind wir noch ein unbeschriebenes Blatt. Stellen Sie sich vor, ein neugeborenes Baby in den Armen zu halten. Sie sind vermutlich zutiefst berührt von seiner Unschuld und Zartheit. Das Neugeborene bringt zwar bereits seinen eigenen seelischen Fingerabdruck mit, doch die Umwelt entscheidet zu einem nicht unerheblichen Teil, ob es sein Potenzial entwickeln wird oder nicht. Anders als eine kleine Schildkröte, die sofort nach dem Schlüpfen aus dem Ei ihrer eigenen Wege gehen kann, sind wir als Kinder über viele Jahre hinweg abhängig von körperlicher und seelischer Zuwendung. Diese Abhängigkeit macht uns extrem

verletzlich. Kein Menschenkind kann überleben, wenn es nicht zumindest eine Bezugsperson hat, die sich um dieses Kind kümmert. Die Zugehörigkeit zum System ist für uns Menschenkinder also überlebenswichtig.
Deshalb lernen wir schon sehr früh, wie wir zu sein haben, damit wir Zuwendung erhalten und geliebt werden. Es entwickelt sich eine innere Instanz, im Voice Dialogue nennen wir sie den Beschützer/Bewacher, der die Normen, Werte und Regeln, die in unserem Umfeld gelten, identifiziert und verinnerlicht. Was wird belohnt? Was wird bestraft? Wann lächelt Mama? Wann schaut sie mich missbilligend an? Der Beschützer/Bewacher ist vergleichbar mit Freuds Über-Ich. Er ist der Boss der Psyche und stellt einen genauen Verhaltenskodex auf, nach dem wir uns zu richten haben. Dieser Verhaltenskodex ist natürlich abhängig von familiären, gesellschaftlichen und religiösen Wertvorstellungen. Er zeigt sich in feststehenden Glaubenssätzen, wie wir zu sein haben, um uns die größtmögliche Zuwendung, Lob und Anerkennung zu sichern. Dabei kann der Beschützer/Bewacher sehr fordernd und hart sein und, wenn es sein muss, all unsere menschlichen Bedürfnisse ignorieren.
Im Laufe der Zeit entwickeln sich noch andere innere Stimmen, die dem Beschützer/Bewacher helfen, seine Mission der Anpassung ans System zu erfüllen. So entsteht in uns vielleicht ein Schmeichler, der uns immer nett und brav sein lässt, obwohl uns vielleicht gar nicht danach ist. Oder ein innerer Antreiber, der dafür sorgt, dass wir den Ansprüchen der Eltern und unserer Leistungsgesellschaft gerecht werden. Oder ein innerer Perfektionist verhindert, dass wir Fehler machen und lässt uns fast unmenschliche Anstrengungen unternehmen, um unseren Eltern oder anderen Bezugsper-

sonen zu gefallen. Robert Bly schreibt in *Die dunklen Seiten des menschlichen Wesens* (Droemer Knaur 2000):

> *»Wir ziehen einen unsichtbaren Sack hinter uns her, und um uns die Liebe unserer Eltern zu erhalten, stopfen wir alles, was sie nicht mögen, in diesen Sack. ›Sei nicht …‹ ist die Botschaft, die Eltern ihren Kindern mitgeben.«*

Alles, was wir nicht sein wollen, wird zum Schatten. Innere Anteile oder Stimmen behandeln wir im Voice Dialogue wie eigene Personen. Sie haben tatsächlich ihre eigene Gestalt, ihre eigene Entstehungsgeschichte, eigene Wünsche, Sehnsüchte und eigene Ängste. Wenn man als Therapeut oder Begleiter mit ihnen spricht, wird deutlich, warum sie zu dem wurden, was sie heute sind, und was sie brauchen, um ihren Griff zu lockern.

Den Beschützer/Bewacher und seine Helfer nennen wir im Voice Dialogue **Hauptstimmen**. Mit ihnen sind wir identifiziert. Sie bilden unsere Persona. Das heißt aber nicht, dass sie uns bewusst sind. Hauptstimmen sind wie unsere zweite Haut. Sie sind so normal für uns, dass wir es häufig gar nicht merken, wie sehr sie unser Leben im Griff haben, auch wenn uns das nicht guttut. Doch so destruktiv sie uns auch erscheinen mögen, Hauptstimmen haben nur eine Absicht: Unseren verletzlichsten, sensibelsten Anteil, das Innere Kind, zu schützen. Dafür opfern sie sich auf und übernehmen, wenn es sein muss, Aufgaben, die nicht angenehm sind. Zum Beispiel macht es einem Inneren Kritiker nicht wirklich Spaß, uns ständig zu kritisieren. Doch er betet uns Fehler vor in der Hoffnung, dass wir auf ihn hören und uns dann die Kritik im Außen erspart bleibt. Hauptstimmen haben also immer eine positive Absicht, auch wenn das auf den ersten Blick nicht zu erkennen ist. Häufig müssen wir sie erst in der Tiefe erforschen, um herauszufinden, dass sie es eigentlich gut mit uns meinen.

Je mehr wir mit einer Seite unserer Persönlichkeit identifiziert sind, desto mehr müssen wir die Gegenseite verdrängen. Je netter wir sein wollen, desto mehr müssen wir beispielsweise Aggressionen wegpacken. Je mehr wir leisten wollen, desto mehr müssen wir Seiten von uns, die einfach nur genießen wollen, in den Keller unserer Psyche stecken. Je tugendhafter wir von unseren Mitmenschen gesehen werden wollen, desto mehr müssen wir Fehler und Schwächen vermeiden. So entwickelt sich ganz unbemerkt neben unserer Persönlichkeit der **Schatten**. Kommt der Schatten doch einmal ans Licht, so fühlen wir uns selbst fremd. »Das bin doch nicht ich!«, sagen wir dann. Oder: »Das war nur ein Ausrutscher. Eigentlich bin ich ganz anders.« Häufig schämen wir uns auch für unseren Schatten, was dazu führt, dass wir ihn noch mehr abspalten.

Wenn wir innere Anteile verdrängen, sind sie nicht einfach weg. Sie fühlen sich wie Verbannte, die sich nichts sehnlicher wünschen, als dazuzugehören und ihren Platz als wertvolles Mitglied unserer Persönlichkeit zu erhalten. Doch Hauptstimmen fürchten Verdrängte Stimmen wie der Teufel das Weihwasser. Sie glauben, dass das Unheil über unser Leben hereinbricht, wenn wir verdrängte Seiten integrieren. Ihre größte Angst ist, dass wir nicht mehr vom Partner geliebt werden, dass er uns verlässt, dass der Chef uns kündigt, oder dass wir uns vor anderen Menschen blamieren. Sie haben ständig ein Horrorszenario vor Augen und wollen uns ersparen, dass wir beispielsweise unter der Brücke landen. Ihr Antrieb ist also Angst um unsere Sicherheit und unser Wohlbefinden. Hauptstimmen können sich nicht vorstellen, dass der Schatten häufig unser

Leben immens bereichern könnte. Schließlich haben wir in der Vergangenheit schlechte Erfahrungen damit gemacht, unsere Schattenseiten zu zeigen.

Die nebenstehende Grafik zeigt die Klassiker unseres inneren Systems.

Wenn wir uns unsere Persönlichkeit auf einer Bühne vorstellen, dann sind die Hauptstimmen die Akteure ganz vorn auf der Bühne. Sie glänzen in ihrer Rolle und buhlen um den Applaus des Publikums. Etwas weiter hinten befinden sich die Schattenanteile, die uns bewusst sind, die wir aber nur selten leben. Ganz hinter dem Vorhang sind diejenigen Anteile, die das Publikum auf keinen Fall sehen darf. Die Hauptakteure befürchten nämlich, dass der Schatten vom Publikum ausgebuht wird, wenn er in Erscheinung treten würde.

> Ich erinnere mich noch gut an Peter, der vor vielen Jahren zu mir in Therapie kam. Er war einer meiner ersten Klienten, ein eher unauffälliger, zurückhaltender und schüchterner Mann, Ende dreißig. Er erzählte mir folgende Geschichte.
> Peter stand am Münchner Hauptbahnhof und wartete auf den Zug, der ihn nach Garmisch-Partenkirchen bringen sollte, wo er eine Bergtour machen wollte. Der Zug fuhr gerade ein, als Peter plötzlich bemerkte, wie jemand hinten an seinem Rucksack herumnestelte. Er fuhr herum, packte im Affekt den Mann hinter sich an der Kehle und drückte zu, worauf dieser in Panik davonrannte. Darüber war der nette, rücksichtsvolle Peter (seine Hauptstimmen) so erschrocken,

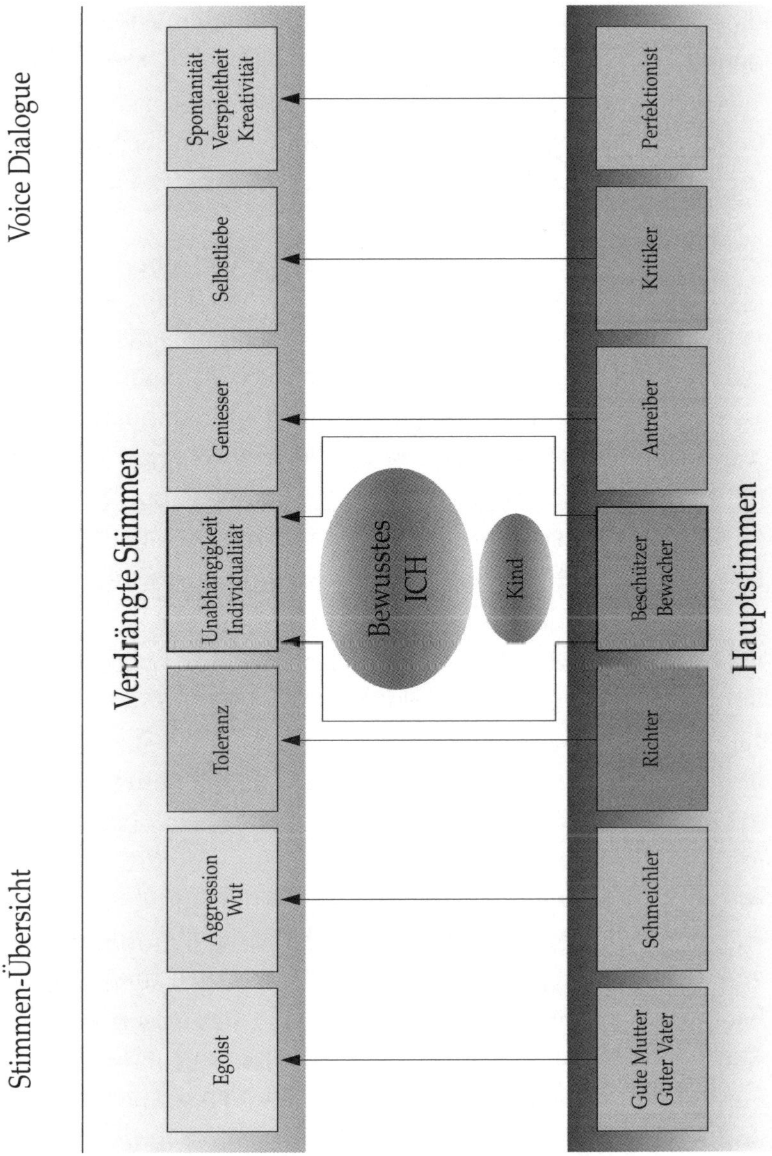
Stimmen-Übersicht
Voice Dialogue
Verdrängte Stimmen
Egoist
Aggression Wut
Toleranz
Unabhängigkeit Individualität
Geniesser
Selbstliebe
Spontanität Verspieltheit Kreativität
Bewusstes ICH
Kind
Gute Mutter Guter Vater
Schmeichler
Richter
Beschützer Bewacher
Antreiber
Kritiker
Perfektionist
Hauptstimmen

dass er es mit der Angst zu tun bekam. Irgendwelche mörderischen Aggressionen schienen in ihm zu schlummern. Vielleicht lief er ja irgendwann Amok, wenn er nicht etwas unternahm? »Ich bin offensichtlich ein wandelnder Vulkan«, sagte er zu mir. »Ich will meine Aggressionen loswerden. Sie machen mir Angst.«

Ich konnte Peter gut verstehen, machte ihm aber begreiflich, dass seine Wut ihm am Bahnhof doch wohl einen guten Dienst erwiesen hatte. Das sah Peter wiederum ganz anders. »Was, wenn ich ihn umgebracht hätte? Dann säße ich jetzt hinter Gittern.« – »Wie leben Sie denn normalerweise Ihre Aggression?« fragte ich ihn. – Er sah mich verwundert an. »Ich bin kein aggressiver Mensch«, erklärte er. »Ich hasse Gewalt.« Es dauerte eine Weile, bis Peter begriff, dass ich ihm keinen Gefallen tun würde, wenn ich ihm seine Aggressionen wegtherapieren würde. Im Gegenteil: Es wäre im Alltag wichtig für ihn, mehr Zugang zu seinen Aggressionen zu finden, nicht um blindlings um sich zu schlagen, sondern um sich in bestimmten Situationen mehr durchzusetzen, Klarheit zu schaffen und sich abzugrenzen. Ich verglich sein inneres System mit einem Dampfkochtopf: Jahrelang hatte seine Hauptstimme (der Liebe, Nette) seine Aggressionen unterdrückt, und wenn sie sich, wie am Bahnhof, doch einmal an ihren Leibwächtern vorbeischmuggelten, kamen sie völlig überzogen zum Vorschein. Das ergab Sinn für Peter. Doch seine Angst blieb groß. Er hatte sich geschworen, nie so zu werden wie sein vom Alkohol abhängiger Vater, dessen Wutausbrüche von der ganzen Familie gefürchtet waren. Für sein Bravsein und seine Hilfsbereitschaft war er von seiner Mutter immer

wieder gelobt worden. Wütend zu sein, hatte er sich nicht leisten können. Sein Vater hätte immer am längeren Hebel gesessen.
Doch Peter wusste auch, dass ihm etwas fehlte. Seine letzte Freundin hatte ihn verlassen, weil er, wie sie es nannte, ein Waschlappen war. Und sein Chef nutzte seine Gutmütigkeit immer wieder kräftig aus. So begannen wir, mit seinen inneren Stimmen zu sprechen, mit den Hauptstimmen ebenso wie mit seinen Verdrängten Stimmen. Immer mehr brachte Peter sein inneres System ins Gleichgewicht, indem sein Bewusstes Ich dem lieben, netten Anteil Grenzen setzte und die Aggressionen mehr und mehr in sein Leben integrierte. Er wurde lebendiger, begann einen Tanzkurs, kaufte sich ein Motorrad und gründete schließlich eine Familie.

Paul Watzlawik beschreibt die Polarisation unserer inneren Stimmen mit einem eindrucksvollen Bild: Er vergleicht unsere Persönlichkeit mit einem Segelboot, auf dem zwei Matrosen das Boot zu stabilisieren versuchen, indem jeder der beiden sich extrem auf seine Seite des Bootes hinauslehnt, obwohl das Boot auch im Gleichgewicht wäre, wenn sie es nicht täten. Keiner der beiden vertraut darauf, dass, wenn er seine Extremposition verließe, der andere das Gleiche tun würde. Beide befürchten, dass das Boot kentern würde, wenn sie ihre Position aufgeben würden. Und sie haben Recht. Deshalb braucht es einen Kapitän, ein Bewusstes Ich, dem beide vertrauen und der sie aus ihrer Extremposition herausholt.

Die extreme Polarisation von zwei inneren Stimmen traf ich auch bei Sandra an. Sie kam zu mir in Therapie, weil sie immer wieder mit massiven Leistungseinbrüchen zu kämpfen hatte. Sie war Unternehmerin, hatte zwei Boutiquen und war gerade dabei, einen dritten Laden zu eröffnen. Doch plötzlich, wie aus dem Nichts, ging gar nichts mehr, und sie konnte tagelang nur noch im Bett liegen und die Decke über den Kopf ziehen.

Zwei innere Stimmen in Sandra kämpften mit allen Mitteln um die Vorherrschaft. Sie war einerseits identifiziert mit einem gnadenlosen Antreiber, dem es nie genug war, was Sandra tat. Er legte ihr ständig eine ellenlange To-do-Liste vor, und sobald sie einen Punkt von der Liste strich, kamen zwei neue hinzu. Andererseits gab es in Sandra einen inneren Genießer (Sandra nannte ihn Faulpelz), der nie zum Zug kam, außer er setzte Sandra immer wieder tagelang schachmatt. Der Antreiber war ihre Hauptstimme, der Genießer der abgelehnte Schatten. Als ich mit dem Antreiber sprach, sagte dieser: »Wenn ich Sandra nicht immer wieder massiv antreibe, würde sie nur noch faul im Bett herumliegen.« Der Genießer wiederum war der Meinung: »Wenn ich sie nicht immer wieder völlig aus dem Verkehr ziehe, hört sie nur noch auf den Antreiber und macht noch einen vierten Laden auf. Und dann komme ich gar nicht mehr vor.« Beide waren der Meinung, sie müssten ganz massiv auftreten, sonst würde Sandra auf die andere Seite kippen. Erst als Sandra lernte, die tiefer liegende Sorge des Antreibers zu verstehen und ihm Grenzen zu setzen, dabei aber auch freiwillig auf Ruhezeiten zu achten, wurden die Leistungseinbrüche weniger.

Diese oder eine ähnliche Situation finde ich häufig bei Menschen vor, mit denen ich arbeite. Sie sind völlig identifiziert mit einer Stimme und können die Gegenstimme nicht oder nur mit großen Schuldgefühlen leben. Solange sie die Vorgaben der Hauptstimmen erfüllen, fühlen sie sich gut. Wenn der Schatten das Ruder übernimmt, und das macht er, falls er mal zum Zuge kommt, oft sehr exzessiv, bieten die Hauptstimmen all ihre Macht auf, damit er wieder in der Versenkung verschwindet. Doch wir sind nicht nur unsere Hauptstimmen. Wir sind viel mehr.

Übung: Selbstbild – Fremdbild

Wie sehen Sie sich selbst?
Welche Eigenschaften schreiben Sie sich zu?

Ich bin ...

Wie wollen Sie von anderen Menschen gesehen werden? Z.B. von Ihrem Chef? Von Ihnen nahestehenden Personen?

Was wäre Ihnen eher peinlich oder unangenehm, wenn andere Menschen es an Ihnen entdecken würden? Was zeigen Sie anderen nicht oder nur sehr ungern?

Was nehmen Sie sich dadurch, dass Sie sich nicht erlauben, so zu sein?
Was müssen Sie verdrängen?

Unsere innere Vielfalt erkennen

Das, was wir normalerweise Ich nennen, ist in Wirklichkeit eine Vielzahl von inneren Stimmen. Potenziell können wir alles sein, ein Heiliger ebenso wie ein Mörder, eine Hure wie eine Madonna. Unter bestimmten Lebensbedingungen können Seiten von uns zum Vorschein kommen, von denen wir niemals dachten, dass sie in uns stecken würden. Doch normalerweise setzt uns unsere Umwelt Grenzen, und so entwickeln sich einige (sozial verträgliche) Anteile sehr stark, während andere ins dunkle Verließ unserer Psy-

che gesperrt werden und dort oft ein Leben lang auf ihre Befreiung warten.
Wenn jemand meine Hilfe sucht und beispielsweise berichtet, er habe Angstzustände, frage ich mich sofort: Wer in ihm hat da Angst? Ist es sein Inneres Kind oder eine von seinen Hauptstimmen? Und wie könnte sich sein Bewusstes Ich liebevoll um diesen ängstlichen Anteil kümmern, sodass er sich sicher und geborgen fühlen kann?
Normalerweise wird der ängstliche Anteil von anderen Stimmen missbilligt, und der Klient kommt mit dem Auftrag in Therapie, der Therapeut möge doch diese Angst eliminieren und dies möglichst so, dass dem Klienten dabei nichts abverlangt wird. Das ist zwar verständlich, aber wenig hilfreich, denn es führt dazu, dass sich die Angst durch das Weghabenwollen verstärkt und ein Teufelskreis aus Angst und Ablehnung beginnt.
Es ist unglaublich spannend, unsere innere Vielfalt zu erforschen und zu erleben, wie nach und nach ein Bewusstes Ich wächst. Voice Dialogue ist dafür ein wunderbares Werkzeug. Alles, was uns im Außen begegnet, ist auch in uns, sonst könnten wir es gar nicht erkennen. Letztendlich sind wir alle multiple Persönlichkeiten. Nicht im pathologischen Sinn, doch wir sind bei genauer Betrachtung viele. Diejenige Ulrike, die dieses Buch schreibt, ist eine andere als die, die mit ihren Freundinnen lacht, oder als diejenige, die bei ihrer spirituellen Lehrerin sitzt. Wir sind nicht nur ängstlich, sondern auch sehr mutig, wir sind nicht nur geduldig, sondern auch ungeduldig, wir lieben nicht nur, wir hassen auch – das macht uns menschlich. Wir sind nicht nur nett, sondern auch nachtragend oder unehrlich. Und es gibt eine Instanz in uns, die das alles sehen kann: **das Bewusste Ich**. Das Bewusste Ich erkennt man daran,

dass es im Unterschied zu den inneren Stimmen nicht wertet, weder positiv noch negativ. Je stabiler es ist, desto größer ist unsere Schattenakzeptanz. Je größer Ihr Selbstwert ist, desto eher trauen Sie sich, auch einmal Seiten von sich zu zeigen, die anderen Menschen vielleicht unangenehm sind und Ihnen Kritik einbringen.

Wenn wir unseren Schatten leugnen, gibt es keine Entwicklung unserer Persönlichkeit. Wir können uns nicht zum Licht hin entwickeln, ohne dass wir dem Schatten begegnen. Dies wird immer wieder deutlich an Geschichten von Heiligen oder Erleuchteten. Sie alle mussten durch die dunkle Nacht der Seele gehen. Auch Jesus, der vierzig Tage in die Wüste ging, um zu fasten und zu beten, begegnete dort dem Teufel und rang mit ihm.

Unsere innere Vielfalt ist ein riesiger Goldschatz, auf dem wir sitzen. Leider nutzen wir von dieser Vielfalt nur einige wenige Stimmen, die unser Leben recht einseitig machen. Um noch einmal das Bild eines Orchesters zu verwenden: Das Bewusste Ich, der Dirigent unseres inneren Orchesters, hat meist nur wenige Orchestermitglieder zu Verfügung, und dementsprechend klingt die Melodie unseres Lebens dünn und langweilig. Wie schön wäre es doch, könnten wir auf all die verschiedenen Instrumente zurückgreifen – egal, ob auf Piccoloflöte oder Pauke –, um den Konzertraum mit einem vollen Klangbild zu erfüllen.

Übung: Meine inneren Stimmen

Welche inneren Stimmen kenne ich?

Welche dieser Stimmen dominieren mein Leben?
(= Hauptstimmen)

Welche Stimmen leben eher ein Schattendasein, kommen nicht oder zu selten zum Zug? (= Verdrängte Stimmen)

Welche Angst habe ich vor den Verdrängten Stimmen?

____

____

____

____

____

Übung: Innere Landkarte malen

Nehmen Sie ein großes Blatt Papier, und malen Sie in die Mitte einen Kreis, in den Sie »Ich« schreiben. Malen Sie dann andere innere Stimmen (Hauptstimmen, Verdrängte Stimmen, Inneres Kind), die Sie in der vorigen Übung entdeckt haben, kreisförmig oder als Symbol auf das Papier.

- Sind die Stimmen, wenn sie einen eigenen Platz kriegen, eher hinter Ihnen, seitlich von Ihnen oder vor Ihnen?
- Sind sie nah oder weiter weg?
- Sind Sie groß oder klein?
- Wer arbeitet mit wem zusammen?
- Wer verdrängt oder bekämpft wen?
- Wo ist das Innere Kind, und wie geht es ihm an diesem Platz?

Verwenden Sie verschiedene Farben für Hauptstimmen und Verdrängte Stimmen. Sie können sich zu den einzelnen Stimmen auch typische Sätze, die diese Stimmen immer wieder zu Ihnen sagen, aufschreiben. So werden sie im Alltag eher bewusst.
Ich gebe den Teilnehmern meiner Voice-Dialogue-Fortbildung diese Übung immer im ersten Seminar. Zum Ende der Fortbildung wiederholen wir die Übung, und es ist immer spannend zu sehen, was sich innerhalb der Ausbildungszeit im inneren System verändert hat.

Ich will lieber ganz sein als gut

Was löst dieses Zitat von C.G. Jung in Ihnen aus? Wollen Sie lieber gut sein als ganz? Ist gut zu sein nicht unser höchstes menschliches Ziel? Und was bedeutet es überhaupt, ganz zu sein?
Ganz sein heißt heil sein, nicht heilig. Und heil können wir nur sein, wenn wir unseren Schatten umarmen, anstatt ihn zu bekämpfen. Unsere Stärken zu lieben, ist keine große Kunst. Doch gerade das Unvollkommene, der Schatten, braucht unsere Liebe ganz besonders. Solange wir gegen ihn ankämpfen, werden wir den Schatten nicht besiegen. Sie können sich noch so sehr anstrengen, ein guter Mensch sein zu wollen, es wird Ihnen nicht gelingen, indem Sie Ihre Augen vor dem Bösen in Ihnen verschließen.
Die Welt erscheint uns in Gegensätzen, Tag und Nacht, Sommer und Winter, hell und dunkel, männlich und weiblich ... Doch in Wirklichkeit ist das Universum eins. Nicht nur die Weisheitslehrer aller großen spirituellen Traditionen, sondern neuerdings auch die

Quantenphysiker können bestätigen, dass die Trennung, wie wir sie erleben, eine Illusion ist. Wie die Welle nicht vom Ozean getrennt ist, so wenig gibt es ein Ich, das vom Gegenüber getrennt ist. Das Ich ist letztendlich eine Illusion. Alles ist mit allem verbunden. Jesus sagte: »Ich und der Vater sind eins.« Diese Aussage war damals so revolutionär, dass er dafür gekreuzigt wurde.

Ganz sein heißt jenseits der Dualität sein, verbunden mit dem Ursprung, dem Göttlichen. Aus dem Bewusstsein der Ganzheit heraus können wir die Gegensätze von Licht und Schatten sich die Waage halten lassen. Gut und Böse bedingen einander. Das Gute gibt es nicht ohne das Böse, und das Böse existiert nur durch das Gute.

Thich Nhat Hanh, der vietnamesische Mönch und Friedensaktivist, verwendet in seinen Vorträgen immer wieder das Bild einer Rose und eines Abfalleimers, die einander wechselseitig bedingen: Die Rose wird in wenigen Wochen zu Abfall – und der Abfall wird zu Humus, aus dem eine Rose wachsen kann. Daher sollten wir uns nicht von oberflächlichen Betrachtungen täuschen lassen und etwa die Rose als gut, den Abfall jedoch als schlecht bezeichnen. Alle Phänomene durchdringen sich und sind letztlich eins.

Sobald wir merken, dass wir gefangen sind in Vorstellungen von Gut und Böse, können wir unseren Geist zurückführen in die Einheit und erkennen, dass das Gute nur dank des Bösen existiert und dass das Böse aufgrund des Guten existiert. Jeder Theaterregisseur weiß, dass ein Held immer einen Bösewicht braucht, um Held sein zu können.

»Wir existieren nicht getrennt von anderen, sondern sind unauflösbar miteinander verwoben.«

Thich Nhat Hanh[1]

In unseren »Ur-teilen« teilen wir die Welt auf in Gut und Böse. Wir teilen das »Ur«, das Ganze, und fühlen uns im Recht. Wie viele Kriege sind schon im Namen einer guten Sache geführt worden? Wie viel Gewalt wurde angewendet, um die Dinge zum einen Besseren hin zu wenden? Doch Gewalt schafft Gegengewalt. Solange wir uns auf der Ebene der Dualität befinden, gibt es keine Lösung. In jedem Menschen gibt es bewusst oder unbewusst eine tiefe Sehnsucht nach Einheit. Viele Weisheitslehrer haben den Pfad dorthin beschrieben. Er hat nichts mit Ich-Idealen, Verdrängung und Abspaltung zu tun. Im Gegenteil: Der Weg zur Einheit führt über die Bewusstheit und Annahme dessen, was wir in die unterste Etage unserer Psyche geschoben haben, den Schatten. Der Weg zur Einheit führt über die Bewusstwerdung und Annahme unserer inneren Vielheit.

1 In *Innerer Friede – Äußerer Friede* (Theseus 2001)

Die vier Dimensionen des Schattens

Der biologische Schatten: Unser animalisches Erbe

»Der Mensch könnte gut sein. Wenn da nicht seine Natur wäre. Ihretwegen ist er böse.«

Immanuel Kant

Es gibt in Amerika einen Zoo, in dem ein Schild hängt mit der Aufschrift »Das gefährlichste Tier der Welt«. Oberhalb des Schilds ist ein Spiegel angebracht. Die Menschen lachen zwar, wenn sie sich in diesem Spiegel sehen, aber eigentlich macht es betroffen, wenn uns bewusst wird, dass kein Tier zu solcher Grausamkeit fähig ist wie der Mensch. Kein Tier zerstört diesen Planeten so rücksichtslos wie die menschliche Spezies. »Und wir sollen die Krönung der Schöpfung sein?«, fragt sich da zurecht so mancher Zeitgenosse.
Unsere Ahnen konnten nur überleben, indem sie ihre Zähne und Klauen einsetzten und ihr Revier verteidigten. Aggressionen waren wichtig, um zu überleben. In uns »zivilisierten« Menschen steckt die Bestie auch heute noch in jeder einzelnen Zelle – ob wir es wahrhaben wollen oder nicht. Die Methoden von Angriff und Verteidigung sind vielleicht subtiler geworden. Wir müssen nicht mehr Aug in Aug mit dem Feind kämpfen. Dafür haben wir Massenver-

nichtungswaffen, die per Knopfdruck ganze Landstriche auf einen Schlag ausrotten können.
Über die Ursachen von Gewalt scheiden sich die Geister. Bei entsprechenden äußeren Umständen kann sie sofort zum Ausbruch kommen. Massenschlägereien in Fußballstadions, gewalttätige Szenen in Fernsehkrimis, Schüler, die das Schulmobiliar zertrümmern, Steine werfende Demonstranten, wütende Autofahrer – Gewalt wird täglich verübt. Woran liegt es, dass die Gewaltbereitschaft in vielen Bereichen unserer Gesellschaft zunimmt?
Die Verbrechen z.B. des Zweiten Weltkriegs machen deutlich, dass in Kriegszeiten auch »normale« Menschen grausame Taten verüben können. Ein Joseph Mengele schien regelrecht Spaß daran zu haben, andere Menschen grausam zu Tode zu quälen. Und ich erinnere mich noch sehr deutlich an Schilderungen meines Vaters aus dem Russlandfeldzug. Einer seiner Vorgesetzten konnte erst dann mit Genuss frühstücken, wenn er mehrere Russen erschossen hatte – durch den Mund. Abhörprotokolle von 1943 beweisen, dass deutsche Soldaten mitunter gern töteten. Sie wussten, dass sie dies ganz legal tun konnten, ohne bestraft zu werden. Gibt man Menschen Macht, so kommt die Bestie schneller zum Vorschein, als uns lieb ist. Der Mensch kann zu einer Tötungsmaschine gedrillt werden, der es Spaß macht, andere umzubringen, wie man an den Kindersoldaten im Kongo sehen kann. Versuche, bei denen Studenten in zwei Gruppen – Gefängniswärter und Gefangene – eingeteilt wurden, mussten vorzeitig abgebrochen werden, weil die Gefängniswärter begannen, die Gefangenen grausam zu quälen.

Die meiste Zeit ist das Tier in uns eingesperrt. Doch wenn keiner hinschaut oder hinhört, tritt es gnadenlos in Erscheinung. Überwachungskameras in großen Städten zeigen, dass nicht nur arbeitslose Jugendliche aus sozialen Brennpunkten, sondern durchaus auch der Sohn aus gutem Hause, der vor dem Vater kuscht, alkoholisiert plötzlich einen wildfremden, unschuldigen Menschen zu Tode prügelt. Die Bestie Mensch tritt auch in Erscheinung, wenn der unauffällige, eher zurückhaltende Nachbar plötzlich zum Amokläufer wird oder Eltern ihr Kind einfach verhungern lassen. Und das Attentat des Norwegers Anders Behring Breivik, bei dem 77 Menschen ums Leben kamen, zeigt, dass Menschen jederzeit zu Monstern mutieren können.

Seit einiger Zeit versuchen Forscher herauszufinden, ob es einen Platz im Gehirn gibt, an dem das Böse sitzt. Dazu werden z. B. Hirnscans von »guten« und »bösen« Menschen miteinander verglichen. Es wurde nachgewiesen, dass bei Psychopathen Regionen im Gehirn, die für negative Gefühle zuständig sind, wenig oder gar nicht arbeiten. Möglicherweise können sie die Folgen ihres Handelns nicht abschätzen.

Aggressionen gehören zu unseren Instinktenergien. Sie können eingesetzt werden, um zu zerstören oder aber um etwas zu kreieren. Im einen Fall sind sie negativ, im anderen Fall positiv. Werden sie lange Zeit geleugnet, so können sie erst richtig gefährlich werden. Wir können sie vergleichen mit einem Tier, das jahrelang in einen Käfig gesperrt wurde. Öffnet sich die Tür des Käfigs dann eines Tages, so schießt das Tier heraus und attackiert die Wärter, obwohl es in freier Natur vielleicht gar nicht gefährlich wäre. Hal und Sidra Stone betonen immer wieder, dass Instinktenergien dämonisch werden können, wenn sie massiv unterdrückt werden. So lässt sich erklären, wie aus einer friedlichen Demonstration von Kriegsgegnern ein Mob wird, der Gewalt einsetzt, um Gewalt zu verhindern.

Eine andere mögliche Folge der Verdrängung von Instinktenergien ist, dass wir uns immer ausgelaugter fühlen. Nicht selten landen Menschen in einer Depression, denn es kostet unglaubliche Energie, Instinkthaftes zu verdrängen. Wir haben uns für die Kultur und gegen die Natur entschieden und dadurch die Beziehung zu unserer primitiven Wildheit verloren. Das mag auf den ersten Blick als eine Errungenschaft der Zivilisation erscheinen. Doch Aggression ist potenzielle Lebendigkeit. Sie hat ein ungeheuer kreatives Potenzial. Ohne sie sind wir Pappfiguren ohne Substanz.

Der kollektive Schatten: Die Achse des Bösen

Das Böse ist so alt wie die Menschheit selbst. Die Geschichte ist voll von Kriegen, Gewalt und Morden. Wohin wir auch schauen, der kollektive Schatten begegnet uns an allen Ecken und Enden. In den Schlagzeilen der Zeitungen zieht er unsere Aufmerksamkeit auf sich. Um Quote zu machen, sitzt er in Fernsehtalkshows und will mitunter Superstar oder Supertalent werden. Er schläft in U-Bahn-Schächten und unter Brücken und holt bei der Tafel seine wöchentliche Essensration ab. Der Schatten treibt sich in Sexshops und auf Swingerpartys herum, verschlingt unser Geld in spekulativen Bankgeschäften und Spendengeldaffären. Wir erkennen ihn in machthungrigen Politikern, die sinnlose Kriege anzetteln und Waffen an korrupte Despoten wie Gaddafi verkauf(t)en. Wir verdrängen kollektiv, dass der Wohlstand der reichen Länder auf Kosten von armen Ländern geht, dass wir alle an der Vergiftung unserer Flüsse, Meere und Nahrungsmittel beteiligt sind.

Der kollektive Schatten zeigt sich vor allem in negativen Gruppenprojektionen. Die Mitglieder einzelner Gruppen oder sogar Staaten verbünden sich in der Verteufelung anderer Gruppen oder Staaten. Der Schatten wird deutlich in Rassismus, Fremdenfeindlichkeit, Antisemitismus oder auch Homophobie. Was uns unbekannt oder fremd ist, macht uns Angst, und was uns ängstig, das verteufeln wir gern. Ein kollektiver Feind gibt uns ein Gefühl der Zu- und Zusammengehörigkeit, und im Kampf gegen diesen Feind erleben wir Gemeinschaft.
Connie Zweig und Jeremia Abrahams schreiben in ihrem Buch *Die Schattenseite der Seele* (Scherz 1995):

> *»Wenn eine Minderheit zur Projektionsleinwand dessen wird, was eine Gesellschaft verleugnet, wird das bis dahin nur als Potenzial vorhandene Böse hochexplosiv.«*
> *Beispiele dafür seien: die Pogrome im zaristischen Russland, die Verfolgung der Juden, Zigeuner und Homosexuellen durch die Nationalsozialisten im Dritten Reich, der US-amerikanische Antikommunismus der McCarthy-Ära und das bis 1994 in der Verfassung Südafrikas verankerte Apartheid-System.*
> *»Unser Jahrhundert ist Zeuge all dieser Massenpsychosen, die mit vorher unvorstellbarer Grausamkeit ausgelebt wurden.«*

Der frühere US-Präsident Ronald Reagan bezeichnete während des kalten Krieges die Sowjetunion als das Reich des Bösen. Der Ost-West-Konflikt führte zu einem Wettrüsten auf beiden Seiten, wobei eigene Machtambitionen geleugnet und der Gegenseite untergeschoben wurden. »Wir *müssen* aufrüsten, weil *die* uns beherrschen wollen«, lautete die Argumentation. Beide Seiten waren der festen

Überzeugung, dass das politische System der anderen Seite für das Böse in der Welt verantwortlich sei, frei nach dem Motto: Das Böse sind immer die anderen. Eine gefährliche Folge der Schattenprojektion zwischen den Supermächten USA und Sowjetunion bestand darin, dass die jeweils andere Seite als destruktiver, bedrohlicher und aggressiver dargestellt wurde, als sie wirklich war. Den Menschen verkaufte man sich selbst als Opfer des anderen, das im Zugzwang war. Die Amerikaner stellten das Recht des Einzelnen über das Recht der Gemeinschaft, während die Sowjets das Recht der Gemeinschaft über das Recht des Einzelnen stellten. Somit waren beide Staaten füreinander ideale Ziele der jeweiligen Schattenprojektionen.

Nach dem 11. September 2001 verkündete der amerikanische Präsident Bush den Kampf Gut gegen Böse. Jedes Mittel war dazu gerechtfertigt. Man verkündete: »Es gibt nichts, was wir nicht tun werden.« Bei so einer Bemerkung bleibt mir schlicht und ergreifend die Spucke weg. Im Namen der Terrorbekämpfung wurden Menschenrechte einfach außer Kraft gesetzt. Verdächtige verfrachtete man in Länder, die es mit den Menschenrechten nicht so genau nahmen und vor Foltermethoden wie Schlägen, Elektroschocks und Waterboarding nicht zurückschreckten. Die USA präsentiert sich der Weltgemeinschaft gern mit einer weißen Weste: Amerika, dein Freund und Helfer. Umso erstaunlicher war es, als man Bilder aus dem Gefangenenlager Guantanamo veröffentlichte, auf denen US-Soldaten Häftlinge auf grausamste Art und Weise misshandelten. Der Schatten der USA wurde deutlich.

Am 29. Januar 2002 prägte US-Präsident George W. Bush in einer Rede zur Lage der Nation den Begriff »Achse des Bösen«, mit dem er die Länder Nordkorea, Iran und Irak in einen gemeinsamen

Kontext stellte und behauptete, sie seien mit Terroristen alliiert und rüsteten auf, um den Weltfrieden zu bedrohen. Amerika begann den Krieg in Afghanistan. Offiziell sollte dort das Terrornetz Al Kaida zerschlagen werden, doch die Soldaten wurden nicht zurückgeholt, als klar wurde, dass Al Kaida schon längst nicht mehr in Afghanistan tätig war. Ich weiß nicht, wie viele Menschenleben dieser Krieg bisher gekostet hat, aber es sind sicher mehr als beim Anschlag auf das World Trade Center, womit ich die Grausamkeit dieser terroristischen Aktion nicht herunterspielen will. Die vielen namenlosen Toten im Irak, in Afghanistan und Pakistan haben allerdings kein Mahnmal und keine Gedenkfeier. Und wie passt es zusammen, dass Präsident Obama, dem der Friedensnobelpreis verliehen wurde, beim Tod von Osama bin Laden jubelt und sich als Held feiern lässt? Warum wurde Bin Laden nicht der Prozess gemacht? Wenn jedes Mittel zur Terrorbekämpfung gerechtfertigt ist, wo ist dann der Unterschied zu den Terroristen?

Deutschland, das sehr für den Frieden in der Welt eintritt, ist der drittgrößte Waffenlieferant der Welt. Und nicht immer geraten Waffen in die richtigen Hände. Kein Mensch kann verhindern, dass sie nicht nur zur Verteidigung, sondern auch zum Angriff benutzt werden. Waffen sind zum Töten gemacht. Wer ist also Opfer, und wer ist Täter? Wir sind immer beides, obwohl wir uns gern nur als Opfer sehen, das sich schützen muss. Doch wovor wollen wir uns eigentlich schützen? Kollektive Projektionen verhindern, dass wir uns mit dem Dreck vor unserer eigenen Tür auseinandersetzen müssen. Die Bösen sind immer die anderen: Hier die amoralische westliche Welt, dort die radikalen, frauenfeindlichen Muslime.

Ein Beispiel aus der jüngsten Vergangenheit: In weiten Teilen der deutschen Bevölkerung herrscht Konsens darüber, dass die Grie-

chen Nichtstuer und Schmarotzer sind. Sie haben uns beim Eintritt in die EU belogen und bringen nun den Euro in Gefahr. In der Suche nach Sündenböcken herrscht seltene Einigkeit. Kollektiv wird weitgehend verdrängt, dass deutsche Politiker und Finanzfachleute natürlich Bescheid wussten, aber es ist einfach bequem, die Schuld beim anderen zu suchen und sich damit reinzuwaschen.
Als es 2008/2009 zur Bankenkrise kam, schimpfte jeder auf die korrupten Banker. Interessanterweise fragte sich kein Mensch: Wo bin ich denn korrupt? Bin ich nicht bei der Steuer auf meinen eigenen Vorteil bedacht? Wollte ich nicht auch die schnelle Mark an der Börse verdienen? Doch alle waren sich einig: Mit mir hat das alles nichts zu tun. Ich bin das arme Opfer dieser geldgeilen, korrupten Banker.

Kollektive Verdrängung wirft weite Schatten. Sie ist wie ein Buschbrand, der in Windeseile seine zerstörerische Kraft verbreitet. Sie führt zu kollektivem Fanatismus, zu Völkermord, zu Glaubensverfolgung, zu Rassenhass und Kastendenken. Sobald sich Menschen mit einer Ideologie oder einer Führerperson identifizieren, wird der gesunde Menschenverstand ausgeschaltet. Solange wir die Wirklichkeit des kollektiven Schattens leugnen, werden das Morden und die Vernichtung weitergehen.

Die spirituelle Lehrerin Gangaji weist in ihren Vorträgen immer wieder darauf hin, wie wichtig es ist, unseren Geist zu erforschen. Nichts geschieht auf der Welt, das nicht auch in unseren Gedanken geschieht. Was draußen in der Welt passiert, ist letztendlich eine Widerspiegelung unseres eigenen Geistes. Wenn wir uns dieser Wahrheit stellen und uns wirklich davon berühren lassen, kann etwas Neues geschehen: Wir können in Kontakt treten mit dem

Bewusstsein, das davon unberührt bleibt und in dem alle Phänomene auftauchen. Das macht uns frei, und nur in dieser Freiheit können wir uns, so Gangaji, allem Leben nützlich erweisen.

Übung zum kollektiven Schatten

Welcher öffentlichen Meinung schließen Sie sich an?

Auf wen schimpfen Sie?
Sind es z. B. die korrupten Politiker, die gierigen Banker, die Neonazis usw.?

Wo entdecken Sie in sich ähnliche Charakterzüge? (Dies wird Ihnen nur gelingen, wenn Sie wirklich tief in sich schauen.)

Der Familienschatten: Bei uns ist alles in Ordnung

Jede Familie hat ihre eigenen Ideale, Werte und Regeln, und Eltern tun ihr Bestes, um ihren Kindern diese Ideale zu vermitteln, weil sie glauben, dies sei das Beste für sie. So gelten in einer konservativen Familie andere Regeln als in einer künstlerischen. Und eine christliche Familie hat andere Ideale als eine Familie, die von Islam geprägt ist. Kinder wiederum wollen geliebt werden und tun in der Regel alles, um ihren Eltern zu gefallen, indem sie deren Werte und Regeln übernehmen. Je größer die Ideale, desto größer der Schatten, denn alles, was nicht zu diesen Idealen passt, muss von der Bildfläche verschwinden. Es darf einfach nicht sein bzw. passieren. In der Arbeit mit Familienaufstellungen bin ich vielen Familienschatten begegnet – und sie sind so zahlreich und vielfältig wie die Familien selbst. Da wird verheimlicht, dass der Vater Alkoholiker ist oder der Sohn homosexuell, da wird vertuscht, dass der Bruder der Mutter im Gefängnis war oder dass die Firma des Großvaters bankrott ging, ganz zu schweigen davon, welche Rolle Familienmitglieder im Dritten Reich spielten. Alles, was Menschen außerhalb der Familie nicht wissen dürfen, was vor den Nachbarn, Freunden oder Verwandten verborgen wird, gehört zum Familienschatten. Er zeigt sich vor allem in Familiengeheimnissen, die oft bis über den Tod hinaus gewahrt werden. Und es sind gerade diese Geheimnisse, die häufig massive Auswirkungen auf das Familiensystem haben, manchmal erst Generationen später.

Ich habe mich immer gewundert, warum meine Eltern nie ihren Hochzeitstag feierten. Es gab nur ein kleines Bild von Braut und Bräutigam, und auf diesem Bild trug meine Mutter ein schwarzes

Kleid. Jahre später fand ich heraus, dass sie heiraten mussten, weil meine älteste Schwester bereits unterwegs war. Mein Vater hatte immer den Sex vor der Ehe verteufelt und mir mit Rausschmiss gedroht, sollte ich ein Kind nach Hause bringen. Keiner durfte von seinem eigenen »Fehltritt« wissen, nicht einmal seine eigenen Kinder. Mein Vater war ein tragischer Romantiker, der viel lieber Gedichte geschrieben und musiziert hätte, statt zu heiraten und fünf Kinder in die Welt zu setzen. Er träumte oft von Reisen in ferne Länder, in der Realität arbeitete er als Bahnbeamter, der nie weiter kam als bis zum Bodensee. Meist lebte er in der Welt von Hölderlin, Nietzsche, Schoperhauer und Goethe, die er ständig zitierte. Er konnte Hunderte von Gedichten auswendig, hörte nur klassische Musik, alles andere war für ihn »Negergekreische«. Ich erinnere mich noch gut, wie ich, das Ohr dicht am Radio, heimlich in meinem Zimmer die Hitparade hörte.

Als ich mit Mitte zwanzig heiratete, blieb mein Vater der Hochzeitsfeier fern mit dem Kommentar: »Wie kann man in der heutigen Zeit noch so blöd sein und heiraten?!« Gleichzeitig erzählte er, wie glücklich er mit meiner Mutter sei. Gnadenlos stülpte er uns Kindern seine Ideale über, und ich als seine Lieblingstochter bekam besonders viel davon ab. Er hatte für mich vorgesehen, dass ich all das lebte, was ihm versagt geblieben war: Freiheit und Unabhängigkeit.

In unserer Familie war Bildung großgeschrieben. Deshalb wäre es auch unmöglich gewesen, meine kleine Schwester auf die Sonderschule zu schicken, wo sie eigentlich hingehört hätte. Was hätten da die Nachbarn und Verwandten gedacht? Nur mit allnachmittäglicher Intensivbetreuung durch meine Mutter schaffte meine Schwester die Hauptschule. Der permanente Druck und das Gefühl, eine Versagerin zu sein, machten aus ihr einen psychisch kranken Menschen, der nie einem Beruf nachgehen konnte. Aber darüber wurde tunlichst nicht gesprochen. Es passte nicht ins Idealbild der Familie Dahm.

In vielen Familien gibt es ein schwarzes Schaf. Das schwarze Schaf übernimmt häufig die Schattenseiten des Familiensystems, etwa wenn zum Beispiel der Sohn eines sehr erfolgreichen Vaters ein Versager wird, der beruflich nichts auf die Beine stellt. Er scheitert an den Idealen und Anforderungen des Vaters oder entscheidet ganz bewusst, nicht das stressige Leben seines Vaters zu führen, und so vertritt er im System all das, was der Vater nicht lebt. Das schwarze Schaf ist innerhalb der Familie meist ein Dauerthema, außerhalb der Familie wird es entweder totgeschwiegen oder sein Leben wird beschönigt, damit das Image der Familie nicht darunter leidet. Hinter vorgehaltener Hand wird das schwarze Schaf als warnendes Beispiel hingestellt: »Wenn du so weitermachst, dann endest du wie dein Onkel Paul unter der Brücke!«

Die Schwester meiner Mutter war für meinen Vater immer wieder ein Stein des Anstoßes. Sie hatte nie geheiratet, reiste viel in der Welt herum, lebte makrobiotisch und gab Meditationskurse, was vor fünfzig Jahren noch recht exotisch war. Mein Vater sprach oft schlecht über sie. Seiner Meinung nach hatte sie keine Ahnung vom Leben, war eine Traumtänzerin, aber insgeheim beneidete er sie, weil sie das vogelfreie Leben führte, das er immer gern gehabt hätte. Sie lebte ganz offensichtlich seinen Schatten.

Eines der bestgehüteten Geheimnisse in Familien ist der sexuelle Missbrauch. Wenn Kinder vom Vater, Bruder oder Onkel sexuell missbraucht wurden, trägt ihre Seele massive Verletzungen davon, die sich in unterschiedlichsten Symptomen zeigen können. Angst,

Depression, Zwänge, selbstschädigendes Verhalten, Sucht, Aggressivität, Essstörungen, sozialer Rückzug, Schuld- und Schamgefühle, körperliche Symptome oder Suizidversuche sind nicht selten Folgen von Missbrauchserfahrungen. Manchmal wusste die Mutter oder ein anderes Familienmitglied sogar Bescheid. Doch die Scham des Entdecktwerdens oder die Angst vor dem Missbrauchenden war so groß, dass eine Mauer aus Schweigen errichtet wurde.

Der Familienschatten ist sehr schambesetzt. Der gute Ruf steht auf dem Spiel, deshalb wird vertuscht, dass der Sohn drogenabhängig ist, die Tochter mit vierzehn Jahren eine Abtreibung vornehmen ließ, die Mutter einen heimlichen Geliebten hat oder ein Kind adoptiert wurde. Dabei kann es sehr erlösend sein, wenn ein Familienschatten ans Licht kommt. Was ich dann oft höre, ist: »Ich wusste immer, irgendetwas stimmt bei uns nicht, aber ich konnte es nie benennen. Jetzt weiß ich wenigstens Bescheid. Ich bin nicht mehr so verwirrt und kann meine Gefühle zuordnen.«

Vor vielen Jahren war eine Frau bei mir in Therapie. Sie hatte zwei Söhne, doch nicht von ihrem Mann, denn der war zeugungsunfähig. Da es aber Nachkommen brauchte für die Firma des Mannes, zeugte die Frau mit dem Einverständnis des Ehemannes die Kinder mit einem guten Freund der Familie. Doch auch im Erwachsenenalter erfuhren die Kinder davon nichts. Der älteste Sohn war schwer psychisch krank und reagierte mit Wahnvorstellungen. Ich bin mir sicher, dass das Geheimnis um den leiblichen Vater seine Auswirkungen hatte, doch die Frau war um des guten Rufes willen nicht bereit, die Wahrheit zu sagen.

Der Familienschatten hat eine große Macht. Und wie das obige Beispiel zeigt, bringen Menschen große Opfer (z.B. die Krankheit des eigenen Sohnes), damit der Schatten nicht ans Licht kommt.

Übung zum Familienschatten

Welche Geheimnisse gibt es in Ihrer Familie?
Worüber wird nicht oder nur ungern gesprochen?

SS-Vergangenheit Vater
Alkoholismus Vater
Alkoholismus Dieter
Depression Mutter

Welche Auswirkungen hat dies auf die Familienmitglieder?

vorhandene Aggression
bei Vater u. Kinder
Depression Mutter

Was lehnen Sie an Ihrer Mutter ab?

2 Selbstmordversuche
ich bin Opfer – daß sie
nicht versucht hat sich
zu heilen

Was lehnen Sie an Ihrem Vater ab?

seinen Zynismus,
seine Aggression
seine Menschenverachtung

Wer in Ihrer Familie ist so, wie Sie nie sein möchten?
Was ist es genau, was Sie an dieser Person ablehnen?

Vater – zynischer, ego-
istischer negativer
Mensch
Zynismus, Aggression
– Mutter – ihr armes Opfer

Wo zeigen Sie ähnliche Charakterzüge?

bin aggressiv und
radikal in Äußerungen
– war lange armes Opfer,
Freudlosigkeit ist in mir

Der persönliche Schatten: So bin ich nicht

Der persönliche Schatten repräsentiert all die Züge und Eigenschaften, die die Hauptstimmen der Persönlichkeit uns verbieten und deshalb wegpacken, weil sie negative Konsequenzen befürchten, wenn der Schatten zum Vorschein kommen. Alles kann zum Schatten werden. Wenn ich identifiziert bin mit einem inneren Antreiber, dann sind alle Anteile der Persönlichkeit, die genießen und loslassen wollen, denen Leistung nicht wichtig ist, verdrängt. Wenn ich mit einem inneren Rechtmacher sympathisiere, dessen oberstes Ziel es ist, anderen zu gefallen, dann ist alles Egoistische, das Auf- mich-Schauen und An-mich-Denken verdrängt. Wenn ein Perfektionist mein Leben im Griff hat, dann wird es mir schwerfallen, mich spontan zu entscheiden, weil ich befürchte, ohne reifliche Überlegung einen Fehler zu machen.

Je »verschatteter« wir sind, desto mehr stört uns allgemein an anderen Menschen. Und alles, was uns an anderen Menschen nervt, was wir ihnen zum Vorwurf machen, weist auf unseren eigenen Schatten hin. In der Regel wollen wir (unsere Hauptstimmen) nichts mit unserem Schatten zu tun haben. Wir setzen die unterschiedlichsten Strategien ein, damit er nicht ans Licht kommt. Allerdings ist es in den letzten Jahren gerade in therapeutischen und spirituellen Kreisen modern geworden, mit dem Schatten zu arbeiten, und viele Menschen wissen, dass man zu seinem Schatten stehen sollte. Das führt dazu, dass man sich, wie Verena Kast es in *Der Schatten in uns: Die subversive Kraft* (dtv 2002) treffend nennt, einen »Vorzeigeschatten« zulegt. Der Vorzeigeschatten ist nicht ganz so peinlich und es fällt nicht allzu schwer, zu ihm zu stehen. Manchmal wird mit ihm regelrecht kokettiert. »Ja, ich weiß schon, ich sollte keine Drogen nehmen, aber irgendein Laster braucht der Mensch ja«, sagte neulich ein Klient zu mir.

Manchmal arbeiten verschiedene Schattenanteile zusammen und bilden einen Schattenkomplex. So sind beispielsweise der Innere Kritiker, der Antreiber und der Perfektionist ein unschlagbares Team. Der Antreiber gibt das Tempo vor, der Perfektionist achtet darauf, dass wir keine Fehler machen, und der Kritiker tritt auf den Plan, wenn wir den Ansprüchen von Perfektionist und Antreiber nicht genügen. Es braucht ein starkes Bewusstes Ich, um diesen Schattenkomplex wieder in einzelne Schattenaspekte zu zerlegen.

Vor einiger Zeit arbeitete ich mit Peter, der mir erzählte, er sei sehr unsicher in seiner Beziehung. Er wisse nie, ob es seiner Freundin recht sei, wenn er sie anrufe oder gar spontan bei ihr vorbeifahre. Wenn die Initiative für gemeinsame Unternehmungen von ihm ausgehe, habe er immer das Gefühl, das sei seiner Freundin nicht recht.

Peter kannte seinen leiblichen Vater nicht und zeigte auch kein Interesse, zu ihm Kontakt aufzunehmen. Er wuchs als Kind vorwiegend in Pflegefamilien und bei der Großmutter auf. Dort war sein oberstes Ziel gewesen, nicht zur Last zu fallen. Und so war er zu einem pflegeleichten Kind geworden. Peter war es gewohnt, sehr aufmerksam zu beobachten, was andere Menschen von ihm erwarteten, seine eigenen Wünsche und Bedürfnisse spürte er jedoch kaum. So erzählte er mir, er sei meist mit sich selbst im Reinen, er sei sehr genügsam und verstehe gar nicht, warum die Frauen immer so unzufrieden seien. »Wenn ich meiner Freundin den kleinen Finger gebe, so nimmt sie die ganze Hand«, meinte er. »Und auch dann passt irgendetwas nicht.«

Mein Therapeuteninstinkt sagte mir, dass Peter seine Bedürfnisse massiv verdrängte. Stattdessen hatte er einen starken inneren Rechtmacher und eine große Selbstgenügsamkeit entwickelt. Als ich mit seinem »Denk-an-dich«-Teil sprach, war dieser sehr verärgert, weil Peter ihn so gut wie nie zum

> Zug kommen ließ. Er schimpfte, weil Peter sich immer nach den Wünschen anderer richtete, anstatt auch auf sich selbst zu schauen.

Unseren persönlichen Schatten zu entdecken, ist nicht einfach. Er ist einfach ein lichtscheuer Geselle. Eher fällt uns der Schatten anderer Menschen auf. Und wenn wir einem Schattenanteil auf die Spur kommen, sagen unsere Hauptstimmen meist: »So will ich nicht sein. Ich will nicht faul, unhöflich, chaotisch usw. sein. Was soll daran erstrebenswert sein?« Doch wenn wir an dieser Stelle weiterforschen, dann gibt es in der abgelehnten Eigenschaft immer etwas, das es wert wäre, in unsere Persönlichkeit integriert zu werden. So will verständlicherweise niemand geizig sein. Doch was ist das Positive am Geiz, was sehr wohl erstrebenswert für mich sein könnte? Ist es die Sparsamkeit? Oder vielleicht das Überprüfen: Brauche ich das, was ich mir kaufen will, wirklich? Trägt es zu meinem Lebensglück bei? Unsere Hauptstimmen finden immer gute Gründe, warum wir den Schatten nicht integrieren sollten. Aus ihrer Sicht ist es besser, zu bleiben, wie man ist, auch wenn das seinen Preis hat. Deshalb kann nur ein Bewusstes Ich, das die Identifikation mit den Hauptstimmen löst, effektive Schattenarbeit leisten.

Schattenspiele: Begegnung mit der dunklen Seite der Seele

Wie sich der Schatten im Alltag zeigt

Wenn wir mit der Schattenarbeit beginnen und unsere Achtsamkeit auf Verborgenes, Verdrängtes lenken, dann zeigt sich der Schatten auf Schritt und Tritt. Oft begegnen wir ihm nicht direkt, doch er verbirgt sich hinter ganz alltäglichen Situationen.

Urteile

Am auffälligsten kommt er in unseren Negativurteilen zum Vorschein. Alles, was in uns Zorn und Empörung weckt, gehört zu unserem Schatten. Ob wir uns über die faule Kollegin oder den arroganten Chef aufregen: In jedem unserer Urteile steckt ein Hinweis auf nicht integrierte Seiten unserer Persönlichkeit. Wenn wir der Kollegin das Etikett »faul« anhängen, so heißt das noch lange nicht, dass sie tatsächlich faul ist. Vielleicht geht sie die Dinge einfach etwas entspannter an, vielleicht erlaubt sie sich einfach, auch mal Fehler zu machen, was uns unter Umständen schwerfällt. Und wenn wir den Chef als arrogant ansehen, so ist er vielleicht nur selbstbewusster als wir es sind. Wenn wir im Negativurteil stecken bleiben, vertun wir die Chance, den projizierten Schatten zu uns selbst zurückzuholen. Statt uns über andere zu mokieren, könnten wir uns fragen, was an dieser abgelehnten Eigenschaft unser eigenes Leben bereichern könnte.

Die folgende kleine Geschichte[2] trug sich zur Zeit Laotses in China zu, und Laotse soll sie sehr geliebt haben.

Einem einfachen Bauern in Indien war eines Tages ein wunderschöner Schimmel zugelaufen. Seine Nachbarn besuchten ihn voller Verwunderung und sagten: »Welch großes Glück du hast, dass dir so ein edles Pferd zuläuft!« Der Bauer erwiderte nur: »Wer weiß es schon?«
Übermütig setzte sich der junge Sohn des Bauern auf das Pferd. Nach wenigen Minuten stürzte er zu Boden und brach sich ein Bein. Die Nachbarn, die dem Jungen zugeschaut hatten, riefen voller Entsetzen: »Oh je, welch ein Unglück! Dieses Pferd bringt wahrscheinlich viel Pech.« Der Bauer entgegnete nur: »Wer weiß es schon?«
Einige Tage später kamen Soldaten des Königs in das Dorf, um die jungen Männer für den Krieg einzuziehen. Der Sohn des Bauern durfte wegen seines gebrochenen Beins daheim bleiben. Die Nachbarn kamen zu dem Bauern und beglückwünschten ihn: »Welch großes Glück hast! Dein Sohn muss nicht in den Krieg.« Der Bauer meinte nur: »Wer weiß es schon?« Und er fügte hinzu: »Was bringt es mir, mir Gedanken über die Vergangenheit oder die Zukunft zu machen? Denn wer weiß schon, was es am Ende alles zu bedeuten hat?«

2 Aus: Doris Iding. *Alles ist Yoga. Weisheitsgeschichten aus dem Yoga.* Schirner 2010

Witze

Der Schatten zeigt sich auch in Witzen und Slapsticks, die ja häufig Missgeschicke, Schwächen und Dummheit zum Thema haben. Comedy-Sendungen im Fernsehen erfreuen sich nicht umsonst großer Beliebtheit. Wir lachen nur zu gern über andere, bei uns selbst vergeht uns oft der Spaß. Interessant ist dabei die Frage: Wer lacht da eigentlich?

Humorlosigkeit deutet auf einen stark verdrängten Schatten hin. Wenn ich über meine Schwächen und Fehler nicht lachen kann, dann ist das ein Hinweis darauf, dass ich sie nicht wirklich angenommen habe und am liebsten verbergen möchte. Angenommen ich bin blond und kann über einen Blondinenwitz nicht lachen, weil er Blondinen Dummheit unterstellt, dann gibt es in mir vielleicht einen Anteil, der sagt, dass ich wirklich nicht besonders intelligent bin. Und wenn ich mich für unintelligent halte, kann ich nicht über einen Witz lachen, der dumme Blondinen auf die Schippe nimmt.

Wenn wir uns also auf die Suche nach unserem Schatten begeben, dann sollten wir uns fragen: Worüber kann ich nicht lachen? Wo bleibt mir das Lachen im Halse stecken? Die Antwort auf diese Fragen deutet auf Verdrängtes, nicht Integriertes hin.

Vielleicht kennen Sie auch jemanden, der in Gesellschaft immer den Spaßmacher gibt. Diese Menschen haben das Talent, eine ganze Gesellschaft zu unterhalten. Doch sie verbergen manchmal ihre Traurigkeit, indem sie sich betont lustig geben. Ich kenne einen Mann, der ein Riesenrepertoire an dreckigen Witzen hat und sie ständig zum Besten geben muss. Warum tut er das? Doch sicher nicht, weil er ein erfülltes Sexualleben hat, sondern weil dies sein einziges Ventil für eine lebendige Sexualität ist.

Der Schatten ist auch im Spiel, wenn es um Impulshandlungen und Patzer geht. Plötzlich entwischt mir (meinem Schatten) eine Bemerkung, die ich eigentlich gar nicht machen wollte. Die Kontrolle der Hauptstimmen hat für einen Moment versagt, und schwupps, mogelt sich ein verdrängter Anteil an den Wächtern meiner Psyche vorbei. Dazu ein Witz:

> *Ein Ehepaar liegt im Bett und schläft. Plötzlich schreckt die Frau aus ihrem Traum hoch, setzt sich kerzengerade im Bett auf und schreit laut: »Achtung, mein Mann kommt nach Hause!« Davon wacht ihr Mann auf, springt aus dem Bett und versteckt sich im Schrank.*

Fehlleistungen

Jeder Fauxpas, jeder Freud'sche Versprecher, so etwa wenn der Mann seine Frau versehentlich mit dem Vornamen seiner Geliebten anspricht, hat etwas mit unserem Schatten zu tun. Der Schatten drängt sich an der Sicherheitsschleuse der Hauptstimmen vorbei und kommt ans Tageslicht – und das kann sehr peinlich sein und weitreichende Folgen haben. Ich hatte einen Klienten, der »versehentlich« eine SMS an seine Frau schickte, die eigentlich der Geliebten galt. Darin beschrieb er ausführlich, wie leidenschaftlich und erfüllend die letzte sexuelle Begegnung gewesen war. Die Folgen können Sie sich ausmalen. Seine Frau tobte und wollte die Wahrheit wissen. Er jedoch bezeichnete die Affäre als einmaligen Ausrutscher. Er sei von der Frau, einer Kollegin, verführt worden. Dass er keine Verantwortung für sein Tun übernehmen wollte, brachte seine Frau letztendlich dazu, sich von ihm zu trennen.

Ob wir es wollen oder nicht, das Unbewusste verschafft sich immer wieder Raum. Ob da jemand verabredet ist und zu spät oder zum falschen Treffpunkt kommt, oder ob jemand einen Brief statt in den Briefkasten in die Mülltonne wirft, unser Alltag ist voll mit scheinbar banalen Versehen, bei denen wir etwas tun, was das Bewusste Ich nicht wollte, was jedoch sehr wohl eine Botschaft eines Schattenanteils sein kann. Diese Botschaften sind manchmal nicht angenehm, doch sie machen uns ehrlich, denn sie verraten verborgene Wünsche, Abneigungen oder Befürchtungen. Es wäre schade, sie einfach als Patzer abzutun.

Plötzlich aufschießende Emotionen

Wenn jemand unerwartet heftig reagiert, dann ist das ein klares Anzeichen dafür, dass ein Schattenanteil am Werk ist. Fast jeder Mensch kennt beispielsweise plötzliche Mordgelüste. Jemand nervt oder verletzt uns so sehr, dass wir ihn am liebsten umbringen würden. Darüber können Hauptstimmen, deren Ziel es ist, uns an die Umwelt anzupassen, sehr schockiert sein. In der Regel erlauben sie nur freundliche Reaktionen. Hass- und Neidgefühle werden unterdrückt. Ähnlich wie bei einem Dampfkochtopf, der die Hitze lange im Inneren behält und erst bei Überdruck den Dampf zischend entweichen lässt, kommen unangepasste Gefühle, wenn sie sich an den Hauptstimmen vorbeischmuggeln können, deshalb manchmal völlig überzogen zum Vorschein.

Ich habe immer wieder mit Interesse Amokläufe verfolgt. Man kann sich kaum vorstellen, was in einem Menschen vor sich geht, der sich ein Gewehr schnappt, auf die Straße rennt und dann wahllos auf seine Mitmenschen schießt. Interessanterweise werden Amokläufer von ihrem Umfeld häufig als unscheinbare, freundliche oder zurückhaltende Menschen beschrieben. Sie haben ihre Mutter gepflegt oder den Nachbarn geholfen, wenn Not am Mann war. Und plötzlich werden aus diesen unauffälligen Nachbarn eiskalte Killer. Der Schatten wurde sichtbar.

> Fred hat immer wieder mit seinen Aggressionen zu kämpfen. Mit seinen heftigen Wutausbrüchen tyrannisiert er die ganze Familie. Seine Kinder haben sich weitgehend zurückgezogen, seine Frau überlegt ernsthaft, ob sie sich von Fred trennen soll. »Ich verstehe mich selbst nicht«, sagt er in seiner ersten Sitzung. »Eigentlich bin ich ganz friedfertig und will nichts lieber als Harmonie.«
> Wie sich in unseren weiteren Gesprächen herausstellt, gibt Fred um des lieben Friedens willen viel zu oft nach. Es fällt ihm schwer, seine Wünsche und Bedürfnisse zu äußern. Immer wieder findet er einen Grund, weshalb es jetzt gerade nicht so wichtig ist, sich durchzusetzen. Irgendwann, wenn das Fass zum Überlaufen kommt, rastet er dann total aus. Jetzt machen ihm seine Hauptstimmen ein schlechtes Gewissen und sorgen dafür, dass er wieder besonders nett und fürsorglich ist, bis der Teufelskreis aus Anpassung und Wutausbrüchen wieder von vorn beginnt.

Schuld- und Schamgefühle

Der Schatten taucht sehr deutlich in unseren Scham- und Schuldgefühlen auf. Unsere Hauptstimmen schämen sich, wenn wir Seiten von uns zeigen, die gesellschaftlich nicht erwünscht sind. Es ist ihnen peinlich, wenn wir auf der Weihnachtsfeier der Firma zu viel Alkohol trinken und uns danebenbenehmen. Und spätestens wenn die Wirkung des Alkohols nachgelassen hat, machen sie uns massive Schuldgefühle: Wie konntest du nur so ungezügelt sein!

Als ich mit einer Freundin für eine Woche im Wellness-Hotel war, konnte sie den Aufenthalt nicht wirklich genießen, denn ihre Tochter zog in dieser Zeit mit ihrer Familie ins neu gebaute Haus, und sie hätte die Hilfe ihrer Mutter gut brauchen können. Dass meine Freundin ihr den Umzug bezahlt hatte, zählte nicht. Schließlich sollte sie als Mutter der Tochter zur Seite stehen, sagte eine innere Stimme, die »Helferin«, mit der sie sehr stark identifiziert war. Die »Denk-an-dich«-Stimme, eine eher verdrängte Seite, der sie ins Wellness-Hotel gefolgt war, wurde von der »Helferin« mit Schuld und Scham belegt. Sie wollte von ihrer Tochter einfach nicht als egoistisch gesehen werden.

Schuld und Scham machen den Menschen klein und manipulierbar. Und um Schuldgefühle loszuwerden, beschuldigen wir andere. Hilfreicher wäre es, sich zu fragen: Wer in mir macht wem in mir Schuldgefühle? Ist es beispielsweise ein Innerer Kritiker, der mein Inneres Kind beschämt?

Übung: Mein peinlichstes Erlebnis

Was war mein peinlichstes Erlebnis?

als ich einen stinkenden Furz ließ u mein Chef es gerochen hat.

Was genau war mir peinlich?
Wofür habe ich mich geschämt?

daß ich stinke vor ihm
daß er merkt daß ich keine
Lady bin

Wie hätte ich stattdessen sein sollen?
Was hätte ich stattdessen tun sollen?

selbstbewußt beherrscht
souverän

Der Schatten der anderen ist interessant, der eigene Schatten blamabel

Der Schatten anderer Menschen fasziniert uns. Dafür gibt es gute Gründe. Zum einen ist das Leben des Durchschnittbürgers ziemlich langweilig. Aufstehen, frühstücken, zur Arbeit gehen, mit den Kindern spielen und fernsehen – das ist nicht besonders prickelnd. Da will man wenigstens am ausschweifenden Lebensstil und den dunklen Machenschaften anderer teilhaben. Das macht das eigene Leben – aus sicherer Distanz heraus – etwas interessanter. Zum anderen lässt uns der Schatten anderer selbst größer, integrer und besser erscheinen. Und indem wir uns mit dem Schatten der anderen beschäftigen, müssen wir uns unseren eigenen Schatten nicht anschauen.

Der Serienmörder Charles Manson, der in den USA einsitzt, erhält massenweise Liebesbriefe. Wie ist das zu erklären? Würden die Frauen, die ihm schreiben, den Mann gern retten? Allerdings faszinieren auch ungewöhnlichen Menschen, die Positives geleistet haben. Berühmte Schauspieler und Sänger etwa sind ständig von ihren Fans umringt, die ein wenig von ihrem Glanz erhaschen wollen. Der Schatten von Prominenten ist für viele Menschen äußerst interessant. Paparazzi leben davon, in der Öffentlichkeit stehende Menschen bei irgendwelchen Verfehlungen zu ertappen und diese der Allgemeinheit zugänglich zu machen. Die hohen Auflagen der Regenbogenpresse zeigen, wie sehr wir uns hinaus aus der normalen Bürgerlichkeit wünschen und hinein in ein Leben voll Glitzer und Glamour. Doch wirklich zu beneiden sind berühmte Menschen nicht. Schauspieler, Politiker, Adlige oder Fernsehmoderatoren stehen unter hohem Druck. Sie müssen eine reine Weste haben, eine makellose Persona, und wer hat das schon? Sie dürfen sich absolut nichts zuschulden kommen lassen, denn sie werden mit Argusaugen beobachtet und gnadenlos abgeurteilt, wenn sie nicht unserem Idealbild entsprechen. So musste Karl-Theodor zu Guttenberg, erst hoch gelobt, dann in Ungnade gefallen, abdanken, da seine Doktorarbeit in weiten Teilen abgeschrieben war. Und Bundespräsident Christian Wulff musste sein Amt niederlegen, weil er sich immer mehr in Halbwahrheiten verstrickt hatte. Er stürzte wegen Hotel- und Urlaubsrechnungen, wegen eines Privatkredits und wegen der Unterstützung einer Lobbyveranstaltung eines Eventmanagers. In unzulässiger Weise verquickte er Privatinteressen mit seinem früheren Amt als niedersächsischer Ministerpräsident. Doch wie steht es in der Bibel? »Wer ohne Schuld ist, der werfe den ersten Stein.«

Einerseits beneiden wir die Schönen und Reichen um ihren Status, hätten gern ihr Talent oder so viel Geld auf dem Bankkonto wie sie. Zum anderen freuen wir uns klammheimlich, wenn bekannt wird, dass Arnold Schwarzenegger ein Kind mit seiner Hausangestellten gezeugt hat oder die zwei Mal für den Oscar nominierte Hollywood-Schauspielerin Winona Ryder wegen Ladendiebstahls verhaftet wird. »Schau an«, sagen wir dann fast erleichtert, »er/sie ist auch nur ein Mensch.« Zum anderen sind wir empört, wenn eine Bischöfin betrunken Auto fährt, ein Jörg Kachelmann wegen des Verdachts auf Vergewaltigung angeklagt wird oder ein Karl Gustav von Schweden im Rotlichtmilieu verkehrt. Wir fühlen uns moralisch überlegen und laben uns am Schatten der anderen, statt uns den eigenen Schatten anzuschauen. Wir delegieren ihn sozusagen an andere und können ihn selbstherrlich vom Fernsehsessel aus kommentieren: »Haben wir es nicht immer gewusst!? Der Kerl hat Dreck am Stecken!«
Verena Kast schreibt dazu in *Der Schatten in uns: Die subversive Kraft* (dtv 2002):

> *»Man bleibt in der Position eines psychischen Voyeurs oder einer Voyeuse, es ist ein Schattenleben aus zweiter Hand: Man schwimmt, ohne nass zu werden, der Schattenkontakt ist ungefährlich, aber man erfährt auch nicht die Lebendigkeit, die das – etwas kontrollierte – Ausleben von Schattenaspekten mit sich bringen kann.«*

Wenn unser eigener Schatten ans Licht kommt, sieht die Sache ganz anders aus. Schattenbegegnungen sind uns zunächst einmal peinlich. Wenn die Ehefrau entdeckt, dass der Mann nächtelang auf irgendwelchen Sexseiten unterwegs war, dann ist Feuer auf dem Dach. Das Bild des braven Ehemanns und liebevollen Vaters schwindet dahin. Er wird sich herausreden wollen, die Sache herunterspielen, doch letztlich ist es beschämend, wenn das Image des Saubermannes angekratzt wird.

Wir fürchten uns vor Blamage, wenn Menschen entdecken, was hinter unserer Schokoladenseite steckt. Fehler oder Verfehlungen sollen unentdeckt bleiben, weil wir um unsere Beziehung, die Karriere oder den guten Ruf fürchten, und so mancher hat sich sogar das Leben genommen, als sein Schatten ans Licht kam. Lieber sterben als das Gesicht verlieren. So warf sich der schwäbische Milliardär Adolf Merckle vor einen Zug. Die Finanznöte seiner Firmen hätten ihn gebrochen, sagte seine Familie. Und als der Fußballer Robert Enke Selbstmord beging, wurde deutlich, unter welchem Druck Sportler stehen, ihr leistungsstarkes Image aufrechtzuerhalten und wie sehr das Thema Depression im Sport nach wie vor tabuisiert wird.

Schattenspiele in Liebesbeziehungen: Was wir nicht selbst entwickeln, das heiraten wir

Wenn wir uns verlieben, erscheint die Welt voller neuer Möglichkeiten. Oft erkennen wir uns selbst nicht wieder, denn unsere Hauptstimmen verlieren ihre Macht und erlauben ganz neuen Seiten von uns, in Erscheinung zu treten. Da wir von der geliebten Person viel Aufmerksamkeit erhalten, blühen wir auf, und der lichte Schatten kommt zum Vorschein. Plötzlich wird ein bisher sehr kontrollierter und rationaler Mann romantisch, schreibt Liebesbriefe,

Gedichte und setzt sich über jegliche Vernunft hinweg, während eine Frau, die bis zu diesem Zeitpunkt an Sex nicht sonderlich interessiert war, auf einmal nicht mehr genug davon kriegen kann. Der Antreiber, der bis dato keine Zeit für ein Privatleben ließ, wird beiseite geschoben. Die Arbeit kann warten, es ist jetzt wichtiger, Zeit mit dem geliebten Menschen zu verbringen. Ein voller Terminkalender? Das war einmal. Auch der Innere Kritiker zieht sich zurück. Der Blick in den Spiegel wird ein anderer, wenn wir geliebt werden, wir finden uns attraktiv und begehrenswert. Aus Pessimisten werden Optimisten, aus Couch-Potatoes aktive Menschen.

Zu Anfang einer Beziehung sind wir einfach fasziniert vom anderen. Er scheint all das zu verkörpern, was uns zu unserem Glück gefehlt hat, und wir sehnen jeden Augenblick herbei, den wir mit ihm zusammen verbringen können. Es ist, als wären wir in eine neue, bisher verborgene Welt eingetreten. In Wirklichkeit hat sich die Welt nicht verändert, sehr wohl aber unsere Sichtweise. Die sprichwörtliche rosarote Brille färbt alles positiv ein. Wenn wir verliebt sind, nehmen wir uns und unsere Umwelt mit neuen Augen wahr.

Häufig verlieben wir uns in Menschen, die verschieden von uns sind. Nicht umsonst sagt ein Sprichwort: Gegensätze ziehen sich an. Diese Gegensätze bereichern zunächst die eigene kleine Welt und machen sie bunt und lebendig. Beide Partner zeigen ihre Schokoladenseite, um den anderen für sich zu gewinnen. Das Innere Kind darf aus seinem Verließ, denn es fühlt sich aufgehoben und erhält viel Zuwendung. Wir sind mit dem Partner in einem positiven Bindungsmuster, das heißt, dass zu Beziehungsbeginn der Mann für das Innere Kind der Frau ein guter, verständnisvoller Vater ist, und die Frau für das Innere Kind des Mannes eine liebevolle Mutter. Endlich liebt uns jemand so, wie wir sind, so scheint es zumindest.

Doch was so hoffnungsfroh begann, kann sich schnell ins Gegenteil verkehren. Manchmal genügt ein kleiner Schritt des Partners heraus aus der anfänglichen Symbiose, und das verletzliche und bedürftige Kind ist verunsichert und zieht sich zurück. Unsere Hauptstimmen übernehmen wieder das Ruder. Tatsächlich ist das Innere Kind eine der am meisten verdrängten Seiten in Beziehungen. Durch seine Unterdrückung wird es noch verletzlicher und bedürftiger, und so beginnt es, aus dem Untergrund heraus immer mächtiger zu werden, bis sich beide Partner nur noch als Opfer fühlen. Und da wir meist nicht gelernt haben, wie wir uns aus einem erwachsenen Bewussten Ich heraus um das Innere Kind kümmern können, schieben wir es dem Partner zu mit der unausgesprochenen Bitte, er möge sich so verhalten, dass das Kind keine Angst hat und sich angenommen und sicher fühlt. Dass das auf die Dauer nicht funktionieren kann, weil es den Partner heillos überfordert und es auch nicht seine Aufgabe ist, »Babysitter« zu spielen, ist ziemlich klar.

Es ist für mich als Therapeutin immer interessant zu schauen: Wer führt da mit wem eine Beziehung? Meist kennen zwei Menschen nur bestimmte Seiten voneinander, während andere verborgen bleiben. Die Anteile, die die Beziehung bedrohen könnten, werden aus der Partnerschaft herausgehalten. Ich erinnere mich an einen Mann, der verheiratet war und eine heimliche Geliebte hatte. Er könne sich nicht zwischen den beiden Frauen entscheiden, sagte er. Während er zu Hause den Nachgiebigen und Duldsamen spielte, der um des lieben Friedens willen seine Bedürfnisse zurückstellte, hatten sich sein »Egoist« und »Abenteurer« auf eine Affäre eingelassen. Anfangs hatte er die Sache sehr genossen. Doch schon bald brachte auch die neue Beziehung Probleme mit sich. Die Geliebte wollte mehr, und es fiel ihm schwer, sich abzugrenzen. Aus dem

»Abenteurer« war nach kurzer Zeit auch bei der neuen Frau ein »Angepasster« geworden. Nun hatte er ein doppeltes Problem. Er hatte sein Beziehungsmuster in die Affäre mitgenommen. Im Versuch, die Frauen nicht zu verletzen, verletzte er sich permanent selbst.

Solange wir unser Selbst nicht gut kennen und wichtige Teile abspalten, können wir keine wirkliche Nähe und Vertrautheit erfahren. Wir werden uns nie ganz offenbaren und nur Bruchstücke von uns preisgeben. Nur wenige Menschen können ihrem Partner angstfrei begegnen. Dazu bedarf es einer großen Reife. Die meisten verdrängen ihre Verletzlichkeit und fangen an, Machtspiele zu spielen. Fühlen sie sich verletzt oder verunsichert, so ziehen sie sich zurück, klagen den Partner an oder fangen an zu klammern. So entstehen destruktive Bindungsmuster, die häufig dem Bindungsmuster in ihrer Ursprungsfamilie gleichen.

Interessanterweise wird genau das, was uns zu Beginn der Beziehung angezogen hat, sehr bald zum Zankapfel und Konfliktstoff. Jeder ist für den anderen Träger derjenigen Aspekte seiner Persönlichkeit, die er leugnet und mit denen er nichts zu tun haben will. Als ich meinen Exmann kennenlernte, war ich fasziniert von seiner Leichtigkeit und Unbeschwertheit. Doch schon bald fing ich an, ihn zu beschuldigen, dass er die Dinge zu leicht nehme und oberflächlich sei. Es kostete mich viel Zeit und Mühe, mich mir selbst zuzuwenden, statt mich gegen ihn zu stellen. Was ich dort in meinem Inneren fand, war meine eigene Unfähigkeit, loszulassen, Kontrolle aufzugeben und spielerischer mit dem Leben umzugehen.

Auch bei Helga und Sven wirkte das, was sie anfänglich gegenseitig anzog, sich schon bald gegenteilig aus.

Helga ist Chefsekretärin bei einem renommierten Autokonzern. Sie lebt in einer großzügigen Eigentumswohnung, die sie sich selbst erarbeitet hat. Darauf ist sie sehr stolz. Die Wohnung hat sie mit schlichter Eleganz eingerichtet, und sie achtet sehr darauf, dass alles seine Ordnung hat. Zum ganz großen Glück fehlt ihr nur noch der passende Partner.
Als sie Sven bei einem Rockkonzert kennenlernt, schwebt sie im siebten Himmel. Sie bewundert seine Unbeschwertheit, seine Spontaneität und Lockerheit. Er ist Musiker, schreibt wunderschöne Lieder, und auch ihr widmet er nach der ersten gemeinsamen Nacht einen Song. Helga entdeckt völlig neue Seiten an sich. Während sie bisher sehr häuslich war, zieht sie jetzt mit Sven um die Häuser, nimmt Klavierunterricht und geht tanzen. Dass Sven mit seinen zweiundvierzig Jahren noch in einem winzigen Apartment in seinem Elternhaus wohnt, stört sie nicht. Als Sven wenige Wochen nach der ersten Begegnung mit einem selbstgepflückten Wiesenblumenstrauß vor ihrer Tür steht und ihr einen Heiratsantrag macht, ist die bislang nicht gerade entscheidungsfreudige Helga gerührt und sagt Ja. Sven zieht bei ihr ein. Er ist angetan von der luxuriösen Wohnung, der tollen Frau und nimmt das Angebot gern an. Viel Gepäck bringt er nicht mit, ein paar Klamotten und seine Gitarren.
Bald trüben die ersten Wolken das junge Liebesglück. Während Helga morgens um sechs aufstehen muss, liegt Sven oft bis Mittag noch im Bett. Und wenn sie abends zunehmend müde nach Hause kommt, sieht die Wohnung chaotisch aus. Sven ist ein Nachtmensch. Oft ist er mit seiner Band unterwegs und kommt erst in den frühen Morgenstunden heim. Als Sven

und seine Kumpels wieder einmal ihren Kühlschrank leer geräumt haben, platzt Helga der Kragen, und es kommt zum Streit. Beide sind zum Träger der Schattenseiten des jeweils anderen geworden. Jetzt ist Svens Unbeschwertheit und Lockerheit für Helga nicht mehr anziehend, sondern nur noch nervig. Sie bezeichnet ihn als Chaoten und Traumtänzer, der sich wie die Made im Speck bei ihr eingenistet hat. Und Helgas Ordnungssinn wird von Sven als Zwanghaftigkeit und Pedanterie abgetan. Der anfängliche Zündfunke hat sich in den Treibstoff für tägliche Reibereien verwandelt.

Willkommen im Reich der Schattenprojektion. Wie bereits erwähnt, repräsentiert alles, was uns am Partner stört und nervt, einen Schattenanteil von uns selbst. So geraten wir in polare Gegensätze wie aktiv - passiv, introvertiert - extravertiert, ordentlich - schlampig, Nähe suchend - Distanz suchend, geizig - verschwenderisch. Es kommt zu einer emotionalen »Arbeitsteilung«: Ich lebe die eine Seite, du die andere. Ein typisches Gesprächsmuster ist dann, dass der eine Partner sagt: »Wenn du nicht so passiv wärst, müsste ich nicht so aktiv sein.« Der andere meint: »Und wenn du nicht so aktiv wärst, müsste ich nicht so passiv sein.« Beide schieben klassischerweise die Verantwortung für die Situation zum anderen und machen sich damit zum Opfer. Und wer Opfer ist, kann nicht handeln. Und statt zu erkennen, dass es beim anderen etwas zu lernen und in die eigene Persönlichkeit zu integrieren gilt, nämlich genau das, was ich am anderen beklage, wird der Partner bekämpft, und man will ihm die Vorzüge des eigenen Verhaltens schmackhaft machen. »So, wie *ich* bin, ist es richtig! *Du* musst dich verändern.«

Als Eva und Tom sich kennenlernen, sagen alle Freunde: Das kann doch nicht gut gehen. Die beiden sind so verschieden, verschiedener geht es gar nicht. Tom ist sehr introvertiert, ein stiller, eher zurückgezogen lebender Mensch. Aber genau das tut Eva so gut. Sie ist sehr außenorientiert, immer unterwegs, und mit Tom kommt sie zur Ruhe. Tom wiederum gefällt es, dass Eva so lebendig ist und ihn aus seinem Schneckenhaus herausholt. Für die beiden ist der jeweils andere die perfekte Ergänzung. Was ihnen noch nicht klar ist, dass der andere in seiner Unterschiedlichkeit den eigenen Schatten lebt.

Sie kommen zu mir in Therapie, als Eva, spontan wie sie nun mal ist, schon bald mit Tom zusammenziehen will. Tom geht das alles zu schnell. Er fühlt sich von Eva überfahren, während sie ihn als zögernd und zaudernd wahrnimmt und an seiner Liebe zu zweifeln beginnt. Die emotionale Arbeitsteilung hat begonnen: Während Eva den optimistischen Part übernimmt, schlägt Tom sich auf die pessimistische Seite. Sie sucht die Nähe, er die Distanz. Heftige Streite entstehen, ein Missverständnis jagt das andere. Weder kann Eva wahrnehmen, dass selbstverständlich auch sie ihr eigenes Leben braucht, noch kann Tom erkennen, dass auch er tief in sich verborgen das Bedürfnis nach Intimität und Nähe hat. Jeder lässt den anderen stellvertretend für sich selbst das Verdrängte, die eigene Schattenseite ausleben und bekämpft sie. Es passt einfach nicht zu Toms Selbstbild, etwas zu brauchen. Er sieht sich am liebsten als autonom, dann kann er auch nicht verletzt werden. Und Evas Selbstbild lässt einfach nicht zu, dass sie Tom Raum gibt und entspannt abwartet. Beide delegieren die gefürchtete, unbewusste Schattenseite auf den anderen.

In ihrem Artikel *Die Ehe als Begegnung der Gegensätze* (Scherz 1995) schreibt Maggie Scarf, dass die Umwandlung eines in der individuellen Psyche bestehenden Problems in einen zwischenmenschlichen Konflikt durch die sogenannte projektive Identifikation geschehe: ein allgegenwärtiger, schwer zu durchschauender und häufig destruktiver geistiger Mechanismus. Der eine Partner projiziere verleugnete Aspekte der eigenen Erfahrung auf den anderen, und erfahre diese von sich selbst abgespaltenen Gefühle dann als zum Partner gehörig.

> *»Doch damit nicht genug; der Partner wird auch noch durch – unbewusste – Anstöße und Provokationen veranlasst, sich so zu verhalten, als gehörten sie wirklich zu ihm. So kann der Projizierende dann die eigenen verleugneten Gedanken und Gefühle stellvertretend durch den Partner erfahren.«*

Maggie Scarf beschreibt weiter, dass sich der Ablauf der projektiven Identifikation besonders deutlich an Menschen beobachten lässt, die scheinbar keine Aggressionen haben. Das kann ich nur bestätigen, denn ich erlebe diesen Mechanismus vor allem in Therapiegruppen immer wieder. Ein Teilnehmer »sitzt auf seiner Wut«, er spürt sie nicht, hält sie unter Verschluss – und wundert sich dann, wenn andere Gruppenteilnehmer wütend auf ihn werden und ihn heftigst attackieren. In gewisser Weise »schützt« die Gruppe den verdeckt Aggressiven vor der eigenen Wut, und er kann sich dann als Opfer der Wut anderer erfahren.

Das Leben will, dass wir ganz sind. Alles, was uns zu dieser Ganzheit fehlt, kommt so lange im Außen auf uns zu, zum Beispiel in Form von ausbeuterischen Chefs, verschwenderischen Partnern, Leistung verweigernden Kindern usw., bis wir es integriert haben. Wie sonst ließe sich erklären, dass ein Mensch, der es allen recht machen will, permanent auf Vorgesetzte oder Kollegen trifft, die auf ihren eigenen Vorteil bedacht sind und ihn ausnutzen? Anstatt zu kündigen und zu hoffen, dass an der nächsten Arbeitsstelle alles anders wird, könnte sich dieser Mensch fragen, was am Verhalten des Chefs sehr wohl für ihn integrierenswert sein könnte. Das ist aber auf den ersten Blick häufig nicht leicht zu erkennen, weil wir in der Ablehnung des Nichtintegrierten gefangen sind. »So wie dieser Egomane will ich nicht sein«, sagen wir dann. »Was soll schon an einem dominanten, egoistischen Verhalten positiv sein?« Aber im Kern *jeder* Schatteneigenschaft gibt es ein verborgenes Geschenk. Wir müssen nur tief genug graben. Ein dominanter, egoistischer Mensch kann sich zum Beispiel gut durchsetzen und für seine Wünsche einstehen. Er hat Selbstbewusstsein. Und das wäre jemandem, der der Erfüllungsgehilfe der Wünsche anderer ist, dem es an Selbstwert mangelt, sehr wohl zu wünschen.

Letztlich wollen wir alle um unsertwillen geliebt werden. Wir wollen uns die Liebe unserer Mitmenschen nicht erst verdienen müssen. Doch wer sind wir selbst? Meist denken wir: Meine Persönlichkeit, meine Hauptstimmen, das bin ich. Wir verstecken unsere dunklen oder abgelehnten Seiten, doch gerade sie sind es, die zum Selbst dazugehören. Wie kann ein anderer Mensch mich um meinetwillen lieben, wenn ich wichtige Anteile dieses Selbst, meine Schwächen, Unzulänglichkeiten und Ängste niemals zeige? Das, was ich in mir selbst nicht liebe, liebt auch ein anderer Mensch in der Regel nicht an mir. Warum sollte er auch? Es ist nicht seine Aufgabe. Es ist in erster Linie meine Aufgabe, mich zu lieben, mit allem, was mich ausmacht.

Habe ich im Außen mit Menschen zu tun, die mich lieblos behandeln oder abwerten, so spiegeln diese mir meist meine eigene Selbstabwertung. Verletzt mich diese Abwertung, so kann ich davon ausgehen, dass sie in mir einen Widerhall findet, dass es in mir einen Kritiker gibt, der genauso über mich denkt wie die Person im Außen. Andernfalls würde mich diese Kritik nicht aus dem Gleichgewicht bringen. Ich könnte im besten Fall sogar über sie lachen.

Paare, die in Therapie kommen, sind meist blind gegenüber ihren eigenen Fehlern und Schwächen. Es ist schon ein gehöriges Maß an persönlicher Reife erforderlich, sich selbst ehrlich anzuschauen. Nur allzu oft erhalte ich zu Beginn einer Paartherapie einen geheimen Auftrag: »Ich bin okay. Bitte verändern Sie meinen Mann (meine Frau) so, dass es mir besser geht.« Diese Haltung ist verständlich, aber nicht hilfreich. Wir können den anderen nicht verändern, das kann er nur selbst tun. Warum also Zeit und Energie darauf verschwenden, dass der Partner sich verändert? Warum ihm Bücher unterschieben, damit er endlich mal kapiert, was für ein unmöglicher Mensch er ist? Vor allem Frauen erschöpfen sich in ihren Partnerveränderungsbemühungen. Sie sehen oft das Potenzial ihres Partners anstelle des Menschen, der er hier und jetzt ist. So können sie der Selbstkonfrontation elegant ausweichen.

Wir können nur bei uns etwas verändern. Es ist eine alte systemische Weisheit, dass, wenn ein Teil des Systems sich verändert, das ganze System einer Veränderung unterworfen wird. Es kann nicht bleiben, wie es ist. Nutzen wir also die Schwierigkeiten in unserer Partnerschaft zu Selbsterkenntnis und für unser eigenes Wachstum.

Wir haben uns diesen Menschen nicht umsonst ausgesucht. Er ist hier und jetzt genau der Richtige, sonst wären wir nicht (mehr) mit ihm zusammen.
Es ist eine große Herausforderung für eine Beziehung, sich gegenseitig den Schatten zu spiegeln. Nicht jeder übersteht sie, vor allem dann nicht, wenn wir in der Projektion hängen bleiben und nicht die Bereitschaft zeigen, wirklich bei uns selbst hinzuschauen. Wir wünschen uns nichts sehnlicher, als dass der Partner sich in unsere Richtung entwickelt – doch wenn er sich tatsächlich verändert, macht dies uns häufig Angst, denn dann sind auch wir herausgefordert, uns weiterzuentwickeln.

Sandra wünscht sich von Axel mehr Selbstständigkeit. Sie ist genervt, dass er sich ständig nach ihr richtet und keine eigenen Interessen verfolgt. Axels größter Wunsch an Sandra ist es wiederum, dass sie »weicher« und entspannter wird. Jeder von beiden wünscht sich, dass der andere dem eigenen Beziehungsmuster entgegenkommt.
Als Axel nach einem Männerwochenende tatsächlich beginnt, eigene Wege zu gehen, ist Sandra wider Erwarten sehr verunsichert. Doch anstatt ihre Chance zu nutzen und Axel ihre Angst zu zeigen, flüchtet sie sich in Vorwürfe. Sie wirft ihm jetzt vor, er sei zu egoistisch. So sei das mit der anfänglich gewünschten Selbstständigkeit nicht gemeint gewesen. Doch Axel hält einfach an sich selbst fest und lässt sich nicht mehr verunsichern. Als Sandra wieder einmal völlig außer Rand und Band gerät und Axel anschreit, nimmt er sie einfach in den Arm. Sandra schlägt um sich, doch Axel hält sie einfach fest. Da brechen plötzlich der ganze Schmerz und

die Angst aus ihr heraus, und sie weint bitterlich. Sie zeigt Axel ihre Verletzlichkeit, alte Kindheitswunden brechen auf – und das bringt den beiden eine ganz neue Nähe.

Beziehungen sind der beste Wachstumsturbo, den es gibt. Sie werfen uns früher oder später gnadenlos auf uns selbst zurück, ob wir es wollen oder nicht. Natürlich können wir heutzutage den Partner jederzeit problemlos wechseln. Das ist eine weitverbreitete Praxis. Tun wir dies aber, ohne uns den anstehenden Entwicklungsaufgaben gestellt zu haben, sehen wir uns über kurz oder lang in der nächsten Beziehung wieder am gleichen Punkt. Wie kann es anders sein? Unsere Kernthemen ändern sich nicht durch Partnerwechsel.

Manche Menschen verbringen ihr halbes Leben auf der Suche nach dem oder der »Richtigen«. Aber wer soll das sein? Der, der mir am wenigsten Schwierigkeiten macht, der mich nimmt, wie ich bin? »Nimm mich, wie ich bin« ist zwar ein verständlicher, aber ein kindlicher Wunsch. Und wie soll ein anderer Mensch mich nehmen, wie ich bin, wenn ich ihm nur zehn Prozent von dem zeige, was mich ausmacht, weil ich selbst nicht weiß, wer ich bin?
Die meisten Menschen leben in friedlicher Koexistenz und berühren sich nur an der Oberfläche. Sie nennen das Beziehung. Diese Oberfläche haben sie kräftig poliert, sodass sie schimmert und glänzt und anderen vorgaukelt, wie toll sie sind. Die Wunden, die diese schillernde Oberfläche verhüllt, zeigen sie nicht. Das wäre zu riskant. Man könnte ja vom anderen abgelehnt werden. So ist wirkliche Nähe nicht möglich.

Stefanie kommt in Therapie, weil sie wissen will, warum sie immer an die »falschen« Männer gerät. Sie berichtet, dass die Männer, die sie kennenlernt, sie völlig vereinnahmen und ihr die Luft abschnüren, obwohl sie doch deutlich macht, dass sie viel Zeit und Raum für sich braucht. Der letzte Freund stand eines Tages sogar mit Sack und Pack vor ihrer Tür, nachdem er bei seiner Frau ausgezogen war.
Stefanie ist bewusst nur mit ihrem unabhängigen Anteil in Kontakt. Sie beschreibt, dass sie schon ganz früh beschlossen hat, andere Wege als ihre Mutter zu gehen, die sich dem dominanten Vater völlig unterordnete. Sie verachtet ihre Mutter noch heute für ihre Unterwürfigkeit und findet es schrecklich, dass die Mutter nie etwas aus ihrem künstlerischen Talent machte und sich stattdessen mit der Rolle der Hausfrau und Mutter zufriedengab. Interessanterweise zieht Stefanie Männer an, die ihre weiblichen Anteile stark leben. Das Leben schickt ihr immer wieder diese Beziehungen, damit sie endlich ihr Mutterthema löst.
Stefanie hat ihre Sehnsucht nach Nähe an die Männer delegiert. Sie ist völlig verblüfft, als sie in einer Therapiesitzung in sich einen Anteil entdeckt, der total verärgert ist, dass sie immer wieder ihre Beziehungen beendet. Dieser Anteil sehnt sich sehr nach Liebe und Geborgenheit und will endlich, dass Stefanie sich auf eine tiefere Beziehung einlässt. Gleichzeitig hat der unabhängige Teil in ihr Angst, dass sie dann genauso endet wie ihre Mutter. Erst als sie lernt, ihre Sehnsucht nach Nähe, Sicherheit und Geborgenheit anzunehmen, kann sie ihr Herz weiter öffnen und in einer Beziehung bleiben.

Ich gehe davon aus, dass der Richtige immer derjenige Mensch ist, mit dem ich gerade zu tun habe, der direkt vor meiner Nase ist. Sonst wäre er nicht da. Osho hat einmal gesagt: »Lass jede Situation deines Lebens dein Meister sein.« Und Deepak Chopra, der bekannte indische Arzt und Weisheitslehrer antwortete gar einer Schülerin auf die Frage »Wie kann ich den Richtigen finden? Gibt es ihn überhaupt?« mit: »Suche nicht den Richtigen. Sei die Richtige.« Welch wahre Worte, die keines weiteren Kommentars bedürfen.

Wie sich der Schatten im Körper oder in der Seele als Krankheit manifestiert

»Die Wahrheit über unsere Kindheit ist in unserem Körper gespeichert, und obwohl wir sie verdrängen können, können wir sie niemals verändern. Unser Intellekt kann getäuscht, unsere Gefühle manipuliert, unsere Wahrnehmung verwirrt und unser Körper mit Medikamenten ausgetrickst werden.« Eines Tages jedoch werde uns unser Körper die Rechnung präsentieren – und nicht aufhören, uns Qualen zu bereiten, bis wir uns der Wahrheit stellen.

Alice Miller[3]

Kluge Gedanken ... Wir können also noch so viel verdrängen, vor anderen Menschen verborgen halten, der Körper spricht seine eigene Sprache. Als ich vor vielen Jahren in Amerika einen Kurs in Massage und Energiearbeit absolvierte, konnte die Leiterin des Kurses zu meinem Erstaunen in den Körpern der Teilnehmer lesen wie in einem offenen Buch. Sie wusste um deren gesamte Lebens-

3 In *Abbruch der Schweigemauer* (Hoffmann und Campe 1990)

geschichte, sah Krankheiten und legte deren Gefühlsleben offen – einfach indem sie den Körper betrachtete. Ehrfürchtig hörten wir ihr zu und ließen uns in der Kunst des Körperlesens schulen.
Unsere Körperhaltung sagt viel über unsere Haltung, die wir dem Leben gegenüber einnehmen, aus. Darüber ließe sich ein eigenes Buch schreiben. Eine Klientin, die lernen wollte, sich besser abzugrenzen, hielt ständig den Kopf schief. Das war ihr nicht bewusst. Der schief gelegte Kopf signalisierte dem Gegenüber Unsicherheit und Zweifel. Sie schien permanent die Frage zu stellen: »Ist das, was ich sage, auch okay für dich?« Als ich ihr Ihre Kopfhaltung im Spiegel zeigte, sagte sie: »Kein Wunder, dass mich niemand ernst nimmt.«
Wir wissen schon längst: Es kommt nicht nur darauf an, was jemand sagt, sondern vor allem auf seine Körpersprache. Unbewusste Signale des Körpers bringen die Wahrheit eines Menschen ans Tageslicht. Diese Körpersignale sind ehrlicher als jedes gesprochene Wort. Sie zeigen, was dieser Mensch auf der bewussten Ebene zu verbergen versucht, sie sind Ausdruck seines Schattens. Und sein Gegenüber reagiert auf diese Signale mehr als auf die Worte.
Auch wenn wir den Körper elegant verhüllen, er plaudert ungewollt aus, was wir auf der bewussten Ebene verleugnen. Es ist vor allem Wilhelm Reich zu verdanken, dass der Körper in die Psychotherapie mit eingezogen wurde. Der verschattete Körper ist laut Reich gepanzert. Er hat all seine Lebendigkeit verloren, ist starr, unbeweglich, und wir spüren ihn nicht mehr. Reich war der Ansicht, dass es im Menschen einen Kern gibt, von dem die pulsierende Kraft des Lebens ausgeht. Bei einem gesunden Menschen dringt dieses Pulsieren nach außen, doch im gepanzerten Menschen prallt das Pulsieren vom Panzer zurück, da der gepanzerte Mensch Angst

vor seinen eigenen Gefühlen hat. Er wehrt sie ab und verdrängt sie – mit weitreichenden Folgen.
Dawna Markova schreibt in *Die Versöhnung mit dem inneren Feind* (Junfermann 1997):

> *»Wir lernen es, uns vom Schatten überwiegend auf zwei Weisen abzuspalten – indem wir ihn nach oben und außen projizieren, wo er zum äußeren Feind wird, oder indem wir ihn hinunter- und in unsere Muskeln, Knochen und Herzen hineinpressen, wo er zum Symptom oder zur Krankheit wird.«*

Und auch dann hören wir ihm meist nicht zu, sondern lassen uns vom Arzt Medikamente verschreiben, die die Symptome möglichst schnell wieder zum Verschwinden bringen. »Ich habe keine Zeit zum Kranksein«, sagte neulich eine Klientin zu mir. Sie wollte sich nicht mit der Krankheit beschäftigen, sie war ihr einfach nur lästig. Milliarden werden dafür ausgegeben, um Krankheiten rasch zu eliminieren und uns schnell wieder funktionieren zu lassen. Mit wirklicher Heilung hat das meist nicht viel zu tun. Und über kurz oder lang sucht sich der Körper ein anderes Ventil, um seine Bedürfnisse zum Ausdruck zu bringen. Kopf und Körper arbeiten häufig gegeneinander. Während der Verstand ehrgeizige Ziele verfolgt, möchte der Körper vielleicht einfach nur Erholung und Entspannung. Oder der Körper möchte Bewegung, während im Kopf die Gedanken kreisen und wir auf dem Sofa liegen bleiben. Viele Menschen lassen ihrem Auto eine bessere Behandlung zukommen als ihrem Körper. Während sie ihrem Auto nur das beste Öl und Benzin geben, es hegen und pflegen, es fast zärtlich auf Hochglanz polieren, beuten sie ihren Körper aus, stopfen ihn mit schlechten Nahrungsmitteln voll, geben ihm nicht die Bewegung, die er braucht, und übersehen seine natürlichen Bedürfnisse wie Bewegung und Ruhe. Erst wenn er ganz laut schreit, wenn es nicht mehr anders geht, wird der Körper wahrgenommen.

Dann beginnt der Kampf gegen den Feind »Krankheit«, und nicht selten wird in diesem Kampf mit Kanonen auf Spatzen geschossen. »Eine Grippe kann ich mir momentan nicht leisten. Verschreiben Sie mir ein Antibiotikum. Hauptsache ich bin schnell wieder leistungsfähig«, sagt da so mancher Zeitgenosse zum Arzt – und wundert sich, wenn kurz darauf sein Darm nicht mehr funktioniert oder Scheidenpilze auftauchen. Unsere westliche Medizin ist vorwiegend eine Verdrängungsmedizin, die nur Symptome behandelt und nicht die wirklichen Ursachen.

Doch es ist möglich, den Kampf gegen sich selbst zu beenden, eine Versöhnung im eigenen inneren Krieg herbeizuführen. Sie können lernen, sich Ihrem Körperschatten zuzuwenden und ihm genügend Raum zu verschaffen, sodass Sie herausfinden können, was er braucht. Wie oft habe ich in Voice-Dialogue-Sitzungen schon mit einem psychischen oder physischen Krankheitssymptom gesprochen, das mir sagte: »Ich rette ihr Leben. Ohne mich würde Sie sich zu Tode schuften.« Oder: »Ohne mich würde er überhaupt nicht auf sich selbst achten. Ich zwinge ihn dazu.«

Krankheit ist bei genauerer Betrachtung also ein heimlicher Verbündeter auf dem Weg in die Gesundheit. Doch die Einsicht kommt oft spät und meist nicht freiwillig. Neulich sagte eine Klientin in einer Abschlusssitzung zu mir: »Meine Depression war das Beste, was mir passieren konnte. Hätte ich sie nicht gehabt, ich hätte bis zum Umfallen so weitergemacht. Niemals hätte ich mich freiwillig aus meiner destruktiven Beziehung gelöst.« Jeder Weg zur Hölle kann

also eine Straße zum Himmel sein. Das habe auch ich am eigenen Leib erfahren.
Krankheit und Tod sind unvermeidbar, so sehr wir dies auch aus unserem Bewusstsein verdrängen mögen. Der Körper ist dem Zerfall geweiht, auch wenn wir heute eine wesentlich längere Lebenserwartung als früher haben. Wir können die Bedürfnisse des Körpers achten und dennoch krank werden. Deshalb halte ich nicht viel von Schuldzuweisungen, wenn jemand an einer Krankheit leidet, frei nach dem Motto: »Irgendetwas muss ich falsch gemacht haben, wenn ich Krebs bekomme, und wenn ich nur das Richtige tue, dann verschwindet er wieder.« Diese Haltung entspringt einer Allmachtsfantasie. Die Ursachen einer Krankheit sind in den meisten Fällen multifaktoriell, das heißt, dass mehrere Faktoren eine Rolle bei der Entstehung der Krankheit spielen. Es darf dabei nicht pauschalisiert werden, frei nach dem Motto: »Wenn du diese Krankheit hast, dann hast du dieses oder jenes Thema noch nicht erledigt.« Ich habe mittels der Voice-Dialogue-Methode mit vielen Krankheitssymptomen gearbeitet und dabei festgestellt: Die Hintergründe von Krankheiten sind so unterschiedlich wie wir Menschen es sind.

Doch jede Krankheit trägt ihr eigenes Heilmittel in sich. Das hat schon Paracelsus gesagt. Körperliche oder psychische Symptome erfüllen ein wichtiges, meist unerhörtes und verdrängtes Bedürfnis. Um dieses Bedürfnis herauszufinden, braucht es Zeit und Zuwendung. Wenn wir unseren Schmerz, die Angst oder den Hass in Liebe berühren, dann verwandelt er sich. So negativ uns ein Krankheitssymptom erscheinen mag, es trägt in seinem Kern immer auch ein unerfülltes Bedürfnis in sich. Thich Nhat Hanh hat einmal gesagt, dass wir lernen müssen, auf einer Müllhalde auch die Blumen zu sehen, die aus dem Müll wachsen.

Der Schatten zeigt sich selbstverständlich auch in psychischen Erkrankungen. Am deutlichsten wird er aber in der Schizophrenie. Jeder psychotische Schub ist ein Schatteneinbruch, in dem man ich-fremde, verdrängte Anteile ausleben kann, ohne dafür verantwortlich zu sein. Der Schizophrene spaltet sozusagen eigene aggressive Impulse ab und erlebt sie als von außen kommende Stimmen oder optische Halluzinationen, die ihm zu schaffen machen.
Auch bei einer Angsterkrankung zeigt sich der Schatten deutlich. Die ängstliche Person ist meist sehr stark identifiziert mit einem inneren Anteil, der sehr angepasst und freundlich ist, der Konflikte vermeidet und dessen höchstes Ziel es ist, von anderen Menschen angenommen zu werden. Dieser Loyalitätsanteil unterdrückt permanent eine Autonomieseite, die unabhängig von anderen sein will, der Selbstausdruck und Abgrenzung wichtig sind. Da die Autonomieseite aber nie zum Zug kommt und Angst hat, unterzugehen, holt sie sich massive Angst oder Panik zu Hilfe. Und was passiert bei einer Panikattacke? Ich kann gar nicht anders, als mich ausschließlich um mich selbst zu kümmern. So clever ist unser inneres System.
Auch bei einer Zwangssymptomatik ist es häufig so, dass eine sehr pflicht- und verantwortungsbewusste Seite die Autonomieseite völlig unterdrückt. Der Mensch lässt sich in Außen regelrecht einzwängen – und entwickelt dann einen Zwang. Da dieser aber mit starken Schuldgefühlen verbunden ist, wird dadurch wieder die pflichtbewusste Seite gestärkt, während die Autonomieseite weiter in den Keller unserer Psyche gesperrt wird.

Der Schatten macht sich häufig in der Lebensmitte energisch bemerkbar. Spätestens dann sind wir aufgefordert, mit alten Gewohnheiten zu brechen und nicht gelebte Potenziale zu entfalten. In diesem Lebensabschnitt gehen beispielsweise die Kinder aus dem Haus. Die Mutter ist nun aufgefordert, sich neu zu orientieren, das bisher nicht Gelebte zu entwickeln, an sich zu denken. Doch das ist leichter gesagt als getan. Wenn ich jahrelang nur für andere da war, fällt es mir schwer, meine eigenen Bedürfnisse und Interessen wahrzunehmen. Wird der Schatten in der zweiten Lebenshälfte nicht integriert, so wird er leicht zur Depression. Die Depression wird nicht umsonst auch die dunkle Nacht der Seele genannt. In ihr ertönt der innere Ruf nach einem Abstieg in die eigene Unterwelt. Und dort finden sich neben alten Verletzungen oft auch nicht gelebte Aggressionen. Wenn ein Mensch die Aggression in Form von gesunder Abgrenzung, Durchsetzung und Zielerreichung nicht lebt, richtet sie sich nach innen und wird zur Depression.

Neulich kam eine Frau zu mir, die gerade ihren Hautkrebs überstanden hatte. Doch sie war geplagt von Depressionen und massiven Ängsten vor einem Rückfall. Immer wenn eine Nachuntersuchung anstand, war sie in der Zeit davor voll innerer Unruhe, konnte nicht schlafen und war unleidlich. »Nur ja nicht an die Krankheit denken«, war ihre Devise, »denn es ist ja bekannt, dass negatives Denken Krankheit zur Folge hat.« Je mehr sie zu vermeiden versuchte, an den Krebs zu denken, desto mehr verfolgten sie paradoxerweise ihre Krankheitsängste. Es verhielt sich ähnlich wie bei dem bekannten Beispiel von dem rosa Elefanten, an den man umso mehr denken muss, je weniger man an ihn denken will. Ich ließ sie in den ängstlichen Anteil schlüpfen, stellte mich neben sie und sagte: »Geh weg, verschwinde. Ich will dich nicht.« Anschließend fragte ich sie, welche Auswirkungen das auf Sie als ängstlichen Anteil hatte. Die Antwort war klar. Dann fragte ich den ängstlichen Teil, was er denn brauche, damit es ihm besser gehe. Er sagte: »Dass sie mich in den Arm nimmt und tröstet.«

Das Loswerdenwollen von Symptomen ist zwar verständlich, aber nicht hilfreich. Der erste Schritt zur Heilung ist immer das Annehmen, was nicht bedeutet, sich fatalistisch einer Krankheit zu unterwerfen und nichts für die Gesundung zu tun. Die wohl eindrucksvollste Beschreibung einer Genesung gibt Brandon Bays in ihrem Buch *The Journey – Der Highway zur Seele* (Ullstein 2009). 1992 wird bei ihr im Bauchraum ein Tumor von der Größe eines Basketballs gefunden. Daraufhin zieht sie sich völlig zurück, begibt sich auf eine innere Heilungsreise und stellt sich ihren dunkelsten Dämonen. Daraus entwickelt sie dann »The Journey«, eine zutiefst wirkungsvolle Heilarbeit. In dieser Arbeit geht es um Hinwendung, nicht um Wegschauen und Verdrängen.

Übung: Körperempfindungen wahrnehmen

Die folgende Übung geht auf Jon Kabat-Zinn zurück und nennt sich Bodyscan. Nehmen Sie sich etwa dreißig Minuten Zeit. Sorgen Sie dafür, dass Sie in dieser Zeit nicht gestört werden. Legen Sie sich auf den Rücken, die Beine sind leicht gespreizt, die Füße kippen nach außen. Und nun schließen Sie die Augen.

Lassen Sie sich von Ihrem Atem nach innen führen, atmen Sie tief in den Bauch. Beobachten Sie, wie sich der Bauch hebt und senkt, hebt und senkt ... Und mit jedem Ausatmen können Sie mehr in Ihre innere Welt eintauchen.

Nun lenken Sie Ihre Aufmerksamkeit in den rechten Fuß. Stellen Sie sich vor, dass Sie bis in die Zehen hineinatmen können. Spüren Sie den großen Zeh, den kleinen, die Zehen dazwischen. Registrieren Sie alle Empfindungen und Spannungen: Sind Ihre Zehen warm oder kalt? Oder gibt es sonst irgendeine Empfindung? ... Wenn Sie nichts spüren, dann ist das auch in Ordnung. Welche Empfindungen auch immer auftauchen – sie werden einfach nur wahrgenommen, ohne beurteilt zu werden, ohne sie verändern zu wollen. Stellen Sie sich nun vor, dass Sie mit dem Ausatmen alle Gefühle und Spannungen loslassen.

Auf diese Weise lenken Sie Ihre Aufmerksamkeit nach und nach auf die Fußsohle, den Fußrücken, das Sprunggelenk, die Unterschenkel, die Knie, die Oberschenkel und in die Leiste.

Tasten Sie so Ihren ganzen Körper ab: Linker Fuß bis zur Leiste, Unterleib, Po und Becken, die Wirbelsäule von unten nach oben, Finger der rechten Hand, Handgelenk, Unterarm, Ellbogen, Oberarm bis zur Schulter, von den Fingern der linken Hand bis zur Schulter, dann den Nacken, Hals, Gesicht, Kopf bis zum Scheitelpunkt.

Lassen Sie nun Ihren Atem zum Scheitelpunkt strömen. Stellen Sie sich vor, diese Stelle öffnet sich wie das Atemloch eines Wals. Beim Einatmen strömt der Atem nun durch den Scheitelpunkt in Ihren Körper ein, durchströmt den gesamten Körper, und Sie stellen sich vor, wie Sie durch die Fußsohlen wieder ausatmen. Dann strömt der Atem durch die Fußsohlen wieder ein, durchströmt den Körper, und Sie atmen durch den Scheitelpunkt wieder aus. Atmen Sie nun mehrmals auf diese Weise aus und ein. Erleben Sie den Energiestrom, spüren Sie Ihren Körper vom Scheitel bis zur Sohle. Beobachten Sie, was Sie dabei wahrnehmen können. Das können Geräusche von außen sein, Gedanken, Gefühle, Körperempfindungen, Bilder ... Lassen Sie Ihre Aufmerksamkeit ganz weit werden. Alles zieht an Ihnen vorbei wie Wolken am Himmel, während Sie einfach atmen. Gedanken kommen und gehen, Gefühle kommen und gehen, Körperempfindungen tauchen auf und vergehen wieder. Alles darf sein, kein Widerstand, kein Kampf. Spüren Sie, dass Sie in diesem Moment ganz sind, heil, vollkommen. Unser Ganzsein schließt alles mit ein: Sorgen, Schmerz, Verletzungen ... Es ist, was es ist ... Zum Schluss lenken Sie Ihre Aufmerksamkeit wieder auf Ihren Körper. Spüren Sie den Kontakt zum Boden, orientieren Sie sich im Raum, werden Sie sich der Tageszeit bewusst. Kommen Sie dann in Ihrem Tempo in die Gegenwart zurück, indem Sie die Augen langsam wieder öffnen.

Die dunkle Seite von Religion und Spiritualität

Religion – zu lat. *religio*, die »Rückbindung« – ist für den Menschen essenziell. Doch als Kirchenlehre schafft sie in dem Versuch, das Böse zu eliminieren, letztendlich noch mehr davon. Jede Religion hat ihre eigene Art und Weise gefunden, das Ganze in Gut und Böse aufzuteilen und einen entsprechenden Verhaltenskodex zu entwickeln. Der Verhaltenskodex des Christentums sind die Zehn Gebote. Sie lauten:

1. Du sollst keine anderen Götter haben neben mir.
2. Du sollst den Namen des Herrn nicht missbrauchen.
3. Du sollst den Feiertag heiligen.
4. Du sollst deinen Vater und deine Mutter ehren.
5. Du sollst nicht töten.
6. Du sollst nicht ehebrechen.
7. Du sollst nicht stehlen.
8. Du sollst nicht falsch Zeugnis reden.
9. Du sollst nicht begehren deines Nächsten Weib.
10. Du sollst nicht begehren deines Nächsten Hab und Gut.

Um der Hölle zu entgehen und in den Himmel zu kommen, müssen sich die Gläubigen an diesen Kodex halten. Er gibt vor, was richtig und was falsch ist. Solange wir an einen personalen Gott glauben, so ist dieser Gott ein Richter und Strafvollstrecker, der das Böse in Gestalt von Satan bekämpft und der überwacht, dass wir keinen Verfehlungen anheimfallen. Gott sieht alles, so wurde mir als Kind im Religionsunterricht beigebracht. Der Gott meiner Kindertage war also eine Art »Big Brother«. Er konnte durch Wände sehen, unter meine Bettdecke und sogar in meinen Kopf. Gott wusste genau, wenn ich »schlechte« Gedanken hatte oder wenn ich an mir herumgespielt hatte. Ich entkam ihm nicht, was bisweilen schrecklich war. Im Religionsunterricht lernte ich auch zu unterscheiden zwischen lässlichen Sünden und Todsünden. Letztere sind:

1. Superbia - Stolz
2. Luxuria - Wollust
3. Invidia - Neid
4. Acedia - Faulheit
5. Gula - Völlerei
6. Ira - Zorn
7. Avaritia - Geiz

Mir wurde von Kirchenvertretern beigebracht, dass einem der Himmel auf ewig verwehrt bleibt, wenn man eine Todsünde begangen hat. Auch war es in meiner Kindheit noch eine Todsünde, wenn man zur Kommunion ging und vorher etwas gegessen hatte. Als ich an einem Aschermittwoch als Zehnjährige nichts ahnend in der Kirche nach vorn ging, um Asche aufs Haupt gestreut zu kriegen, stand ich stattdessen in der Reihe derer, die die heilige Kommunion empfangen wollten. Ich traute mich nicht aus der Reihe auszuscheren, und so ging ich zur Kommunion, obwohl ich vorher etwas gegessen hatte. Nun hatte ich eine Todsünde begangen, die mir lange Zeit schreckliche Angstgefühle verursachte.
Wir leiden am Dualismus des Christentums: Hier Gott, da der Mensch, hier der Körper, da die Seele. Gott ist gut, der Mensch ist sündig. Und dafür muss er von Gott bestraft werden. Das Leid des Menschen ist eine Strafe Gottes. Dadurch wird es zum Selbstzweck. So wird nicht die Liebe, sondern das Leiden Ziel christlichen Lebens. Welch ein Masochismus!
Doch Gott ist das Eine, das Ganze. Er ist Licht und Schatten zugleich. Gott ist, wie es Anselm Grün einmal ausgedrückt hat, die Symphonie des evolutionären Geschehens, und wir sind sozusagen die Noten dieser Symphonie. Zu jeder Symphonie gehört aber

auch die Dissonanz, und so ist Gott auch das, was wir böse nennen. Und Gott möchte, dass wir ganz Mensch sind, und zur Ganzheit gehört auch das Böse. Es ist Anteil unseres menschlichen Wesens. Letztendlich geht es darum, die Dualität von Gut und Böse zu überwinden. Das Gute kann nur so lange gut sein, wie das Böse vermieden, verdrängt oder bekämpft wird. Der Versuch, das Böse auszumerzen, schafft mehr Böses. Und auch wenn wir das Böse auf andere projizieren, vermehrt es sich. Es nützt nichts, wenn wir unsere schlechten Eigenschaften dem Teufel, der uns geritten hat, oder sonst jemandem zuschreiben, sondern es gilt, Verantwortung für unsere Missetaten zu übernehmen.

Immer mehr Menschen wenden sich von den herkömmlichen Kirchen ab und schließen sich spirituellen Gemeinschaften an. Spiritualität ist in den letzten Jahren zu einem Riesengeschäft geworden. Wie in einem Supermarkt, kann man sich dort bedienen und das aussuchen, was dem persönlichen Geschmack am meisten entspricht. Diese Form der »Wohlfühlspiritualität« bringt uns nicht wirklich weiter. So mancher Suchende begreift nicht, dass seine Spiritualität schon längst zur Sucht geworden ist, einer Sucht, die die wirklich tiefen Wunden zupflastert. Immer wieder hatte ich in meiner Praxis Menschen, die es auf den ersten Blick in ihrer spiritueller Praxis weit gebracht hatten. Doch bei genauerer Betrachtung stellte sich heraus, dass sie ihre Probleme auf der Persönlichkeitsebene einfach wegmeditierten und sich ins Nirvana flüchteten. Sie hatten zwar das Rauchen und zuckerhaltige Nahrung aufgegeben, hatten eine ansehnliche esoterische Bibliothek und Buddha-Statuen zu Hause, doch jetzt waren sie abhängig von der Stille, von Tantragruppen, ihren Tarotkarten oder einem Wahrsager, der wöchentlich ihre Wunden zudeckte. Materielle Begierden wurden plötzlich abgetan und ersetzt durch die Begierde, begierdelos zu sein, ohne ein Bewusstsein darüber, dass dadurch einen neuer Schatten erstanden war.

In der »New-Age-Spiritualität« fällt der Schatten eher durch Abwesenheit auf. Alle wollen das Licht – und so wird der Schatten zum Schatten. Viele spirituelle Sucher leugnen ihren eigenen Schatten und den der Organisation, der sie angehören. Immer wieder begegneten mir auf dem spirituellen Weg Machtgelüste, Geldgier, spiritueller Materialismus, verdrängte oder verantwortungslos ausgelebte Sexualität. Widerspruch gegen die Lehre oder den Guru, Aggressionen und Negativität wurden nicht gern gesehen. Die Anhänger einer bestimmten Gruppierung verschließen nur allzu gern die Augen vor dem Schatten ihrer Organisation oder ihres Anführers. Nur so lässt sich erklären, dass der bekannte New-Age-Musiker Oliver Shanti jahrelang die Kinder seiner Anhänger missbrauchen konnte. Auch die fast hundert Rolls Royce des indischen Meisters Osho (ehemals Bhagwan) wurden von seinen Schülern augenzwinkernd gutgeheißen. Er hält den westlichen Materialisten einen Spiegel vor, so hieß es in Sannyasin-Kreisen. In dem 2011 erschienenen Film *Sommer in Orange* von Markus Rosenmüller, in dem Anhänger von Bhagwan in ein bayrisches Dorf einfallen, wird so herrlich deutlich, wie jede Gruppierung, die Bewohner des niederbayrischen Dorfes ebenso wie die Sannyasins, ihren eigenen Schatten hat. So muss beispielsweise im Film ein Sannyasin die Wurst, die er beim Dorfmetzger gekauft hat, vor seinen Mitbrüdern und -schwestern verstecken. Darüber hinaus sind die Sannyasins schockiert, als eine Frau aus ihrer Mitte gesteht, dass sie mit dem Postboten geschlafen hat. Die Gruppe hält sich für etwas Besseres und schaut auf die Dorfbewohner herab. So entlarvt Rosenmüller auf sehr humorvolle Art und Weise, dass die spirituellen Außenseiter keinen Deut besser sind als die einfache dörfliche Bevölkerung mit ihrer vorgefassten Meinung.

Spirituelle Arroganz ist als Schatten häufig anzutreffen. Man wähnt sich »weiter«, »erleuchteter« oder »bescheidener«, hat den einzig wahren Meister oder Lehrer. Wann auch immer ein spiritueller Lehrer oder Meister seine Methode als die einzig selig machende oder als »den« Highway zur Erleuchtung verkauft, schafft er Schatten. Seine Anhänger werden auf Andersgläubige oder »unspirituelle« Menschen herabschauen. Sie werden anderen Menschen ihre Methode verkaufen wollen, weil sie ja die beste ist. Das erzeugt Dogmatismus und Arroganz. So mancher Promi-Guru hat das Ego seiner Schüler mehr gestärkt als zum Verschwinden gebracht.

Immer wieder wird in spirituellen Kreisen die Wichtigkeit des positiven Denkens betont. Es gibt jede Menge an Büchern, wie man Affirmationen richtig anwendet. Aber Negatives heilt man nicht, indem man es wegschiebt und sich stattdessen mantraartig vorsagt: »Ich bin gut. Ich bin gut. Ich bin gut ...« Wie eine Wunde nur dann heilen kann, wenn sie ans Licht kommt, so heilt das Negative nur dann, wenn es gesehen, gefühlt und liebevoll angenommen wird. C.G. Jung hat einmal gesagt: »Man wird nicht erleuchtet, wenn man sich Lichtgestalten vorstellt, sondern indem man sich die Dunkelheit bewusst macht.«

Menschen, die nur gut sein wollen, werden neurotisch. Sie sind in der Dualität gefangen und müssen das Schlechte von sich fernhalten. Da wird dann ein gesunder Wutausbruch des Partners schnell zur »negativen Energie«, der man sich nicht aussetzen darf. Doch was ist gut, und was ist schlecht? Was für den einen Menschen in einer bestimmten Situation gut ist, muss nicht für einen anderen auch gut sein. Der Dualismus führt zur Absonderung des Bösen, das in der Regel nach außen projiziert wird. Und dann suchen wir nach einer Legitimation, um das Böse auszurotten. Wir fühlen uns im Recht, »Kreuzzüge« zu veranstalten und als »Gotteskrieger« Andersgläubige zu verfolgen. Das Böse ist eigentlich ein Mangel an »Ein-Sicht«, eine Abspaltung vom Einen. Weder Moral noch Ge- und Verbote haben es jemals geschafft, den Menschen bewusster zu machen.

Wir brauchen ein neues Bewusstsein, um von der Konkurrenz zur Kooperation zu gelangen, ein Bewusstsein, das nicht trennt, sondern um die Einheit hinter allen Erscheinungen weiß. Doch der Verstand kann uns nicht in ein Einheitsbewusstsein führen. Er ist nicht das richtige Instrument, um die Wirklichkeit zu erfassen. Nur in der Achtsamkeit und Zeitlosigkeit des Hier und Jetzt gibt es das Eine. Wie bei einer Zwiebel müssen wir Schicht um Schicht abschälen, um zum Kern, zum Eigentlichen, zu kommen.

Das Leben ist unser eigentlicher Lehrer, vorausgesetzt, wir nehmen es als solchen an. Es bringt uns tagtäglich jede Menge Situationen, wo wir unter Beweis stellen können, wie es um uns wirklich bestellt ist. Wenn wir nicht dazu bereit sind, drischt es auf uns ein und erscheint uns als ungerecht und feindlich. Abdi Assadi schreibt in *Schatten auf dem Pfad* (Theseus 2011):

> *»Unsere Reaktion auf das Leben ist der größte Test dafür, wie wir wirklich vorankommen. Werden unsere Vorlieben für oder Aversionen gegen das, was uns das Leben bringt, stärker oder schwächer? Nehmen unsere Vorurteile ab und wächst unsere Toleranz?«*

Abdi Assadi ist sich sicher, dass sich unsere Seelen nicht täuschen lassen und das Göttliche nicht hintergangen werden kann. Und so rät er auch, spirituelle Meister als nichts anderes zu sehen als Stützräder an einem Fahrrad: Wenn wir gelernt haben, selbst die Balance zu halten, legen wir sie in Dankbarkeit ab, ohne sie zu vergolden und auf einen Altar zu stellen.

Die dunkle Seite der Sexualität

Der Körper des Menschen wurde zweitausend Jahre von der abendländischen Kultur verstoßen. Seine animalischen Impulse, die Sexualität, wurden von der Priesterschaft für sündig erklärt und damit ins Dunkel verbannt. Geist und Körper wurden gespalten. Die Bedürfnisse des Körpers wurden als »nieder« bezeichnet und mit Schuld- und Schamgefühlen belegt. Alles, was verteufelt wurde, lastete man im Spätmittelalter den Hexen an. Der Klerus sah die weibliche Sexualität und Sinnlichkeit als Ursprung des Bösen. Und so wurden Hexen, die viele Jahrhunderte lang als weise Frauen gegolten hatten, mit zunehmendem Einfluss des Christentums zu Schattenträgerinnen. Was mit Tod, Krankheit, Seuchen und Hungersnöten zu tun hatte, brachte man mit ihnen in Verbindung. Tausende wurden dafür auf dem Scheiterhaufen verbrannt. Esther Perel schreibt in ihrem Buch *Wild Life. Die Rückkehr der Erotik in die Liebe* (Piper 2008):

> *»Historisch betrachtet sind weibliche Sexualität und Intellekt nie integriert gewesen. Die Körper der Frauen wurden kontrolliert und ihre Sexualität im Zaum gehalten, um deren korrumpierender Wirkung auf die Tugendhaftigkeit der Männer entgegenzuwirken.«*

In der christlichen Tradition wurde Sexualität lange nur in Verbindung mit Fortpflanzung anerkannt. Kinder waren das höchste Ziel einer ehelichen Verbindung, Geburtenverhütung war nicht vorgesehen. Und so kann das noch heute geltende Kondomverbot des Papstes nur vor dem Hintergrund christlicher Sexualmoral verstanden werden.

In den letzten Jahrzehnten hat sich die Einstellung zur Sexualität weitgehend verändert. Wir sind heute aufgeklärter denn je. Doch das hat den Umgang mit Sexualität nicht unbedingt leichter gemacht. Die Ansprüche an uns selbst und andere sind immens gestiegen. Wir wollen sexy sein, selbst im hohen Alter. Seit die Werbung entdeckt hat, dass Sex sich gut verkauft, springen uns auf Schritt und Tritt nackte Brüste ins Auge, und kaum eine Zeitschrift verzichtet auf Artikel, wie wir bessere Liebhaber und Liebhaberinnen sein können.

Sexualität hat, wie alles im Leben, eine helle und eine dunkle Seite. Die helle Seite, also Kuscheln, Schmusen, Zärtlichkeit, liebevolle Worte und »Blümchensex«, befriedigt unser Bedürfnis nach Nähe, Geborgenheit, Sicherheit und Vertrautheit. Doch wer nur die helle Seite der Sexualität lebt, der läuft Gefahr, dass es ihm irgendwann langweilig wird, denn es gibt in uns auch das Bedürfnis nach Aufregung, Leidenschaft, Spannung und Abwechslung. Und spannend ist nicht das Vertraute, der immer gleiche Ablauf, sondern das Spiel mit Verbotenem, »Schmutzigem«. So lässt sich auch die große Zahl von Seitensprüngen und Prostituierten erklären.

Häufig wird die helle Seite der Sexualität in der Beziehung gelebt, während die dunkle Seite ausgelagert wird. Man will dem Partner nicht zumuten, dass es verbotene Regungen gibt, vielleicht der Wunsch nach dem Besuch eines Swingerklubs, nach Fesselspielen oder einem flotten Dreier. Frauen beklagen eher, dass ihr Partner zu wenig von der »hellen« Seite zeigt, das heißt, dass ihnen häufig Zärtlichkeit, Umworbenwerden und Aufmerksamkeit fehlen. Männer vermissen eher den »dunklen« Aspekt in ihrer ehelichen Sexualität, die Leidenschaft, die durch das Ausprobieren von Neuem, Ungewöhnlichem entsteht. Doch um die Stabilität der Beziehung nicht zu gefährden, unterdrücken die meisten Paare ihre Wünsche und Aggressionen – mit zum Teil verheerenden Folgen.

Und so darf die dunkle Seite unserer Sexualität oft nur in der Fantasie leben. Um uns anzutörnen, greifen wir auf innere Bilder zurück, die alles andere als anständig sind. In unserem privaten inneren Theater sind wir, die wir im Alltag vielleicht unsicher und zurückhaltend sind, unwiderstehlich, unersättlich oder allmächtig. Wir haben Sex mit fünf Männern oder drei Frauen gleichzeitig und können unsere Lust ungehindert ausleben, ohne emotionale Verwicklungen fürchten zu müssen. In unserem privaten Pornokino ist alles erlaubt, was in unserem Alltag nicht sein darf: Pure Geilheit, heftige Aggression, Machtgelüste, gnadenloser Egoismus genauso wie infantile Bedürftigkeit und Unterwerfung. In der erotischen Fantasie wird munter gegen die Regeln des Anstandes verstoßen. Grenzen werden mit Leichtigkeit überschritten und Tabus gebrochen. Unser Schatten darf sich frei von Moral und Zwängen austoben. Sexuelle Fantasien sind keineswegs krankhaft, sondern ein natürlicher Teil einer gesunden Sexualität. Sie können wertvolle Hinweise darauf geben, was zur sexuellen Konfliktbewältigung hilfreich ist. Deshalb lohnt es sich, unsere sexuellen Fantasien zu erforschen und deren Bedeutung aufzudecken. Das kann zu weitreichenden Veränderungen nicht nur in sexueller Hinsicht führen.

Es wäre jedoch ein Missverständnis, zu glauben, Fantasien wären das Abbild realer Wünsche. Fantasien und Wünsche sind zwei Paar Stiefel. Man kann sie nicht eins zu eins übersetzen. Man kann in der Fantasie als Mann Frauenkleider tragen, ohne dies tatsächlich umsetzen zu wollen. Um Fantasien dem Partner zu offenbaren, braucht es ein gehöriges Maß an mitfühlender Objektivität und Verständnisbereitschaft. Dann können sie für eine Beziehung sehr bereichernd sein. Doch es ist nicht immer ratsam, sie dem Partner mitzuteilen. Esther Perel dazu in ihrem Buch *Wild Life. Die Rückkehr der Erotik in die Liebe* (Piper 2008):

> *»Wenn wir unsere Fantasien für uns behalten, muss dies nicht aus falscher Scham geschehen; manche hält auch die Ahnung zurück, dass sie, ins Licht gebracht, verwelken werden. Es kann durchaus weiser sein, im Geheimen zu träumen, zumal dann, wenn wir nicht auf der gleichen erotischen Wellenlänge schwingen wie der oder die Geliebte.«*

Wertvolle Schattenhinweise sind erotische Fantasien auf jeden Fall.

Je mehr die natürlichen sexuellen Impulse unterdrückt werden, desto mehr können sie pervertieren. Ein Mensch, der seine Sexualität ohne Schuld und Scham lebt, wird kaum in die Versuchung kommen, Kinder zu bedrängen, eine Frau zu vergewaltigen oder gar als Kannibale einen anderen zu töten und sich sein Fleisch einzuverleiben. Während in früheren Zeiten sexuelle Abweichungen wie Fetischismus, Masochismus oder Sadismus als pervers galten, werden sie heute als eher als harmlose Spielarten gesehen, vorausgesetzt, dass beide Partner damit einverstanden sind. In jedem Sexshop gibt es Fesseln, Lack- und Lederbekleidung zu kaufen. Anders verhält es sich bei sogenannten Paraphilien, auch Störungen der sexuellen Vorliebe genannt. Immer dann, wenn die Sexualität den Betroffenen selbst oder einen anderen Menschen gegen seinen Willen beeinträchtigt oder gefährdet, handelt es sich um eine Störung der Sexualpräferenz. Ein Beispiel: Wenn zwei Menschen beim Sex sanftes Fesseln oder eine Maske bevorzugen und beide damit einverstanden sind, ist das für sie ein Spiel. Belästigt ein Exhibitionist jedoch immer wieder Frauen, verletzt er damit ihre Persönlichkeit, weil er gegen ihren Willen handelt. Hier spricht man also von einer Krankheit.

In meiner Arbeit mit Paaren geht es häufig um verloren gegangene Lust. Es ist ohne Zweifel schwierig, in Zeiten des Funktionierenmüssens die Lust lebendig zu halten. Wenn zu viel Pflichtprogramm zu absolvieren ist, stirbt die Lust. Ein häufiges Muster ist: Ein Partner hat kaum oder gar keine Lust mehr auf Sex, während der andere ihn immer wieder bedrängt. Und je mehr der eine drängt, desto weniger Lust hat der andere. Einer lebt also die Lustseite und kann gar nicht mehr spüren, dass er vielleicht auch nicht immer will, weil er vom anderen ständig abgewiesen wird. Und der andere Partner kann nicht mehr wahrnehmen, dass er durchaus manchmal Lust hat, weil ihm der andere ständig zuvorkommt. Der eine hat seine Schattenseite an den anderen delegiert und kann die andere Seite nicht mehr in sich spüren.

Der erste Schritt aus diesem Problem ist, dass beide Partner die Verantwortung für ihre Lust bzw. Lustlosigkeit übernehmen, anstatt zu sagen: »Du bist schuld, dass ich keine Lust habe. Du bedrängst mich zu sehr!« Oder: »Du bist schuld, dass ich dich bedränge, denn wenn ich es nicht tun würde, hätten wir überhaupt keinen Sex mehr!« Der Lustlose macht sich seinen Druck selbst, während der andere nicht zwingend Druck ausüben muss, wenn der Partner keine Lust hat. Im Gegenteil: Es würde von Selbstachtung zeugen, wenn er nicht um Sex betteln würde.

Die Bereitschaft eines Paares, sich mit den eigenen (sexuellen) Schattenseiten auseinanderzusetzen und um des eigenen Wachstums willen Angst und Schmerz zu ertragen, ist der Gradmesser für eine positive Veränderung. Der Wille, über eigene Grenzen zu gehen, entscheidet letztendlich darüber, ob sich eine festgefahrene Situation verändert oder nicht. Verdrängte Seiten zu integrieren, bedeutet immer, dass wir uns mit unserer Angst auseinandersetzen und in die Eigenverantwortung gehen, statt den Partner anzuklagen.

Der Schatten im Traum

Träume sind das Tor zu unserem Unbewussten. Während am Tag meist unsere Hauptstimmen das Ruder unseres Lebens in der Hand haben und kontrollieren, wie wir zu sein haben, damit wir möglichst reibungslos funktionieren und von unseren Mitmenschen Anerkennung erhalten, kommen in unseren Träumen die Verdrängten Stimmen, unser Schatten, ungehindert zum Vorschein. Sie zeigen sich beispielsweise als Einbrecher in unser Haus, als Gangster oder Mafiosi, die uns verfolgen, als Monster oder wilde Tiere. Im Traum können wir ungehemmt Seiten von uns zeigen, die unser Alltagsbewusstsein niemals zulassen würde. So kann es beispielsweise für unser Traumselbst sehr lustvoll sein, Sex mit mehreren Partnern

zu haben, während wir uns das in unserem Alltag nie gestatten würden.
Träume sind Bilder aus dem Unbewussten, die uns auch nach dem Aufwachen noch sehr lange beschäftigen können. Jeder von uns hat schon erlebt, wie ihn oder sie die Angstgefühle eines Albtraums noch lange begleiteten. Irgendwie lässt uns der Traum nicht los, denn er hat eine wichtige Botschaft für uns. Leider wissen viele Menschen nicht, was sie mit ihren Träumen anfangen sollen und schieben sie einfach beiseite, frei nach dem Motto: »War einfach ein blöder Traum.« Damit verpassen sie eine Chance der Bewusstwerdung, denn Träume zeigen sehr genau, wo wir in unserer inneren Entwicklung stehen und welche Schattenanteile ans Licht geholt werden wollen.

Als mein innerer Antreiber mein Leben noch total im Griff hatte, träumte ich immer wieder, ich sei im Auto unterwegs, und plötzlich versagen die Bremsen. Das Auto wird immer schneller und schneller, ich habe keine Kontrolle mehr. Es rast schließlich einen Abhang hinunter – und ich wache schweißgebadet auf. Träume dieser Art zeigten mir sehr deutlich, mit welcher Geschwindigkeit ich mein Leben führte und wie gefährlich dies war. Zur gleichen Zeit träumte ich auch immer wieder, dass ich im Treibsand feststeckte und panisch versuchte, rauszukommen. Doch je mehr ich mich anstrengte, desto mehr zog mich der Treibsand nach unten. Ich verstand, dass die angestrengten Versuche meines inneren Antreibers, mein »Feststecken« zu lösen, die Dinge nur noch schlimmer machten. Als ich lernte, mich von ihm zu lösen, verschwanden diese Träume.

Später verlagerte der innere Antreiber sein Einsatzgebiet von Erfolg und Karriere auf Spiritualität. Er wurde zu einem spirituellen Antreiber, der es am liebsten gesehen hätte, dass ich auf der Stelle erleuchtet gewesen wäre. In dieser Zeit tauchten wiederholt Fallträume auf. Ich stehe auf einem hohen Gebäude oder auf einem Berg, und plötzlich falle ich ins Bodenlose. Die Botschaft der Fallträume war für mich, dass ich den Kontakt zum Boden (zu meinem Körper, meinen Gefühlen, meinen instinkthaften Anteilen) verloren hatte und mit meinen Füßen wieder auf den Boden kommen musste.

Obwohl es universell gültige Traumsymbole zu geben scheint, halte ich nicht viel davon, alle Träume über einen Kamm zu scheren. Viel hilfreicher ist es, die individuelle Bedeutung eines Traums herauszuarbeiten. Traumbotschaften kann meiner Meinung nach nur der Träumer selbst entschlüsseln, denn ein und derselbe Traum mag für zwei verschiedene Menschen unterschiedliche Bedeutung haben.

Voice Dialogue ist ein wunderbares Instrument, um Träume zu verstehen. Es verzichtet auf eine Deutung von außen und betrachtet stattdessen alle Protagonisten des Traums als innere Anteile des Träumers, mit denen der Therapeut sprechen und herausfinden kann, was sie vom Träumer wollen, welche Botschaft sie für ihn haben. Das ist ein unglaublich spannender Prozess, der eine Therapie sehr bereichern kann.

Christa träumt, sie ist zu Hause bei ihrer Mutter und muss bei ihr im Ehebett schlafen. Ihren Sohn hat sie zu anderen Leuten gegeben. Da erhält sie mitten in der Nacht einen Anruf, dass ihr Mann gestorben ist. »Was soll ich denn jetzt tun?«, fragt sie ihre Mutter. Die Mutter weiß darauf keine Antwort. Christa sagt: »Ich glaube, ich muss jetzt erst einmal schlafen.« Entsetzt wacht sie auf.

Wenn wir Christas Traumgestalten in innere Anteile übersetzen, dann gibt es in ihr einen mütterlichen Anteil, der im Traum will, dass die Tochter bei ihr im Bett schläft. Darüber hinaus melden sich ein kindlicher Anteil, der weggegeben wird, und ein männlicher Anteil, der stirbt, und die Träumerin selbst flüchtet sich in den Schlaf. Tatsächlich ist Christa sehr mit einer Stimme identifiziert – wir nannten sie in unserer Arbeit die Übermutter –, die manchmal des Guten zu viel macht, sich in Dinge einmischt, die sie nichts angehen, und dadurch andere Menschen bevormundet. Die männliche Seite, die für Aggression und Durchsetzung steht, ist ein Schattenanteil und wird von ihr fast gar nicht gelebt. Sie ist sozusagen tot. Um ihr Inneres Kind und seine Bedürfnisse kümmert sie sich definitiv zu wenig, sie hat es weggegeben. Und das Bewusste Ich will mit dem Ganzen nichts zu tun haben und schläft. Christa ist verblüfft, wie klar der Traum ihr inneres System abbildet.

Ein häufiger Schattenanteil ist das Innere Kind. Als ich mit Susanne intensiv mit dem Inneren Kind arbeite, ist ihr dieses Kind anfangs einfach nur lästig. Es hat viel Angst, fühlt sich vernachlässigt und trägt einen tiefen, alten Schmerz in sich. Susanne lehnt das Kind total ab, da es sie Ihrer Meinung nach daran hindert, ein glückliches Leben zu führen. Sie glaubt, dass die Beschäftigung mit dem Inneren Kind sie völlig destabilisieren wird, und sie (ihre Hauptstimme) befürchtet, dann beruflich nicht mehr so funktionieren zu können, wie sie es im Moment tut. In dieser Zeit hat sie eine Serie von aufschlussreichen Kinderträumen.

> Susanne träumt, sie hat ein Kind geboren. Die Schwangerschaft war ziemlich lang, doch die Geburt geht schließlich einfach und schnell. Sie kann das Kind jedoch nur kurz stillen und gibt es dann in Pflege.
> In einem zweiten Traum hat sie wieder ein Kind geboren, doch das Kind ist so klein wie das Däumelinchen im Märchen von Hans Christian Andersen. Susanne hat panische Angst, sie könnte das winzige Kind verlieren und hält es ständig in ihrer Hand.
> In weiteren Träumen werden die auftauchenden Kinder immer größer. Sie sind zunächst zwar verkrüppelt, doch Susanne wendet sich den Kindern mehr und mehr zu, bis schließlich ein völlig gesundes Kind in ihrem Traum erscheint und zu ihr sagt: »Lass uns spielen!«

Susannes Träume bilden sehr genau ihren Therapieprozess ab. Während sie sich anfangs nicht um ihr Inneres Kind kümmert, wird sie im Lauf der Zeit eine liebevolle Mutter für dieses Kind, was nachhaltige Wirkung in ihrem täglichen Leben zeigt.

> Anna hat immer wieder den gleichen Albtraum. Sie wird von einem schwarzen Kapuzenmann verfolgt, dessen Gesicht sie nicht erkennen kann. Panisch versucht sie zu flüchten, doch der Kapuzenmann lacht nur höhnisch. Anna weiß, dass er schon viele Leute umgebracht und vergewaltigt hat. Auf ihrer Flucht kommt sie vorbei an Stellen, wo der Verfolger schon

> Gräueltaten verübt hat. Mal sieht man nur einen Blutfleck, mal liegen Leichen herum. Der Kapuzenmann hat ein langes Messer in der Hand, er kommt immer näher. Immer wenn sie die Dolchspitze in ihrem Rücken fühlt, wacht sie schweißgebadet auf.

Der Traum macht Anna sehr zu schaffen. Sie hat Angst, wieder einzuschlafen, denn der Traum könnte weitergehen. Ich lade Anna ein, sich mit der Voice-Dialogue-Methode den Traum näher anzuschauen. Hier die stark verkürzte Version der Sitzung.

> Im Traum treten zwei Personen auf: Das Opfer und der Kapuzenmann. Diese Traumfiguren behandeln wir wie zwei innere Anteile von Anna.
> Anna ist sehr stark identifiziert mit einem Anteil, der durch Anpassung und Nettsein dafür sorgt, dass sie von ihren Mitmenschen gemocht wird. Die Opferrolle ist ihr nicht unbekannt. Immer wieder erlebt sie andere Menschen als ihr überlegen und dominant. Seit einiger Zeit wird sie von einer Kollegin auf übelste Art und Weise gemobbt. Der Kapuzenmann ist ein Schattenanteil von Anna. Ihn fürchtet sie. Er erinnert sie an ihren aggressiven Vater, der unter Alkoholeinfluss häufig handgreiflich wurde.
> Nachdem wir mit dem Opferanteil gearbeitet haben, schlage ich ihr vor, mit dem Kapuzenmann zu sprechen. Anna willigt nur zögernd ein, sucht dann aber einen Platz hinter ihrem Stuhl, wo der Kapuzenmann steht. Sie nimmt sich eine Decke, schlägt sie über den Kopf und geht an diesen Platz. Ich gebe dem Kapuzenmann ein Messer in die Hand. Die

Spannung im Raum steigt. Der Kapuzenmann schweigt lange. Seine machtvolle Energie erfüllt den ganzen Raum. Nach circa zehn Minuten fängt er an ein tiefes Brummen von sich zu geben, schließlich lacht er höhnisch und attackiert Anna symbolisch mit seinem Messer.

ICH: Es scheint dir richtig Spaß zu machen, auf Anna einzustechen.

KM: (genüsslich) Jaaaaa! Sie ist ja das ideale Opfer.

ICH: Wie sind denn ideale Opfer?

KM: Am besten gefallen sie mir, wenn sie in Panik verfallen und willig sind. Dann könnte ich in einen richtigen Blutrausch verfallen.

ICH: Ja, das kann ich sehen. Gehörige Angst hat sie ja vor Dir.

KM: Angst ist gar kein Ausdruck! Die macht sich in die Hose, wenn sie merkt, dass ich da bin.

ICH: Und dann verfolgst du sie.

KM: Ich jage sie durch die ganze Stadt, gebe ihr immer wieder Vorsprung, sodass sie glaubt, sie könnte es schaffen. Doch es gibt kein Entrinnen vor mir. Ich bin pure Wut, purer Hass, pure Aggression.

ICH: Verfolgst du sie nur in ihren Träumen, oder bist du auch am Tag bei ihr aktiv?

KM: Am Tag habe ich meine Außendienstmitarbeiter. Da muss ich nicht selbst tätig werden. Ihre Kollegin zum Beispiel. Die ist ein echtes Biest, triezt Anna, wo sie nur kann. Die finde ich gut. Die hat Power! Anna ist ja so ein Weichei, traut sich nicht, den Mund aufzumachen.

Kein Wunder, dass sie gemobbt wird. Und jetzt glaubt sie doch tatsächlich, dass alles gut wird, wenn sie den Job wechselt. Wie naiv ist das denn?

ICH: Wie würdest du an ihrer Stelle reagieren?

KM: Ich würde der Kollegin aber so eins auf die Nuss hauen! Die würde mich nicht noch einmal von oben herab behandeln!

ICH: Das heißt, Anna könnte deine Energie eigentlich gut gebrauchen, um nicht mehr gemobbt zu werden.

KM: Natürlich. Das begreift sie nur nicht. Sie muss ja immer die Liebe, Gute sein, die es allen recht macht. Aber damit kommt sie nicht weiter. Ohne mich ist sie völlig schutzlos. Da kann jeder mit ihr machen, was er will.

ICH: Wie recht du hast.

KM: Darauf kannst du wetten.

ICH: Also – ich bewundere deine Kraft.

KM: Das nützt aber nichts. Anna ist diejenige, die endlich mal einsehen müsste, wie sehr sie mich braucht. Aber da habe ich schon aufgegeben. *Der Kapuzenmann seufzt.* Was glaubst du denn, warum ich sie nachts verfolge?

ICH: Sag´s mir.

KM: (schreit) Weil ich will, dass sie mir endlich mal die Stirn bietet, statt abzuhauen! Ich will ebenbürtige Feinde haben. Ich will sie achten können. ICH WILL, DASS SIE MICH LEEEEBT! *Der Kapuzenmann sinkt in sich zusammen und schweigt lange.* Ich meine es doch eigentlich gut mit ihr. Ich will doch nur, dass sie von mir lernt. Aber langsam verliere ich die Lust. Wenn sie jetzt nicht kapiert, was ich ihr sagen will, dann soll sie doch vor die

Hunde gehen. Dann kann ich auch nichts mehr für sie tun.

Als Anna aus der Rolle des Kapuzenmannes und an ihren Platz zurück geht, ist sie total geplättet. Nie hätte sie eine solche Antwort von dem gefürchteten Kapuzenmann erwartet. Wir werden noch viele Stunden daran arbeiten, wie sie die Angst vor ihren Aggressionen verlieren und sie so in ihr Leben integrieren kann, dass sie gut geschützt ist.

Während in der Nacht eher der dunkle Schatten zum Vorschein kommt, zeigt sich in Tagträumen meist der lichte Schatten. Tagträume sind in der Regel Fantasien von einem besseren Leben. Wir stellen uns ein Szenario vor, in dem wir glücklich und zufrieden sind, innere Ruhe und Kraft finden und unser Potenzial leben. Unsere geheimsten Wünsche werden erfüllt – und das kann sehr beflügeln.

Besonders Kinder können in ihren Tagträumen die Welt um sich herum komplett vergessen und werden nicht selten dafür von ihren Eltern und Lehrern gerügt. Dabei haben kindliche Tagträume eine wichtige Funktion: Sie lassen Kinder zu Helden werden, die in ihrer Fantasie ungeahnte Fähigkeiten entwickeln. Sie helfen Kindern, Ziele anzuvisieren, um sie vielleicht irgendwann zu verwirklichen. Je liebloser und ängstigender das kindliche Umfeld ist, desto intensiver können diese Fantasien sein. Und sie können das eigene, vielleicht triste Leben interessanter machen.
Viele Menschen erlauben sich als Erwachsene leider nicht mehr, ihren Träumen nachzuhängen. Zu groß ist schon die Resignation. Also versuchen sie, »realistisch« zu sein und auf dem Boden der

Tatsachen zu bleiben. Doch alles, was der Mensch geschaffen hat, begann mit einem Traum, mit einer Vision. Wir wissen schon längst: Schon das intensive Vorstellen eines erreichten Ziels bringt uns dem Ziel etwas näher. Deshalb: Träumen Sie ...

Der Schatten im Märchen und im Film

Kinder werden durch Märchen in das Schattenreich eingeführt. Märchen sind meist grausam. In den siebziger Jahren wurde unter Pädagogen ernsthaft diskutiert, ob Märchen nicht zu gewalttätig für Kinderseelen sind. Doch Kinder lieben es, wenn die böse Hexe, ein mächtiger Geist, ein Drache oder ein brutaler Zauberer sein Unwesen treibt. Sie sind fasziniert vom Bösen und freuen sich, wenn der Held schließlich das Böse besiegt. Wer ihre Reaktionen bei einem Marionettentheater beobachtet, der kann deutlich sehen, wie engagiert Kinder sind, den Kasperl vor dem Krokodil oder der bösen Hexe zu warnen, und wie sehr sie sich freuen, wenn er das Krokodil mit ihrer Hilfe erschlägt.

Bis ins 17. Jahrhundert hinein waren Märchen nicht nur für Kinder, sondern auch für Erwachsene bestimmt. Frauen erzählten sie sich gegenseitig beim Spinnen, Bauern und Holzfäller vertrieben sich damit die langen Winterabende. Märchenerzähler fuhren übers Land und überlieferten die Geschichten von Generation zu Generation.

Märchen spiegeln das kollektive Unbewusste. In jedem Märchen taucht das Böse in Gestalt des Teufels, einer Hexe, eines bösen Zauberers oder Geistes usw. auf. Der Held muss das Böse bezwingen, bevor er die Prinzessin zur Frau nehmen kann. Eine Ausnahme

ist das Märchen »Der Schatten« von Hans Christian Andersen. Dort gewinnt der Schatten so viel Macht, dass er seinen Herrn, einen Gelehrten, schließlich vernichtet. Andersen, der selbst das Los des mittellosen und geächteten Außenseiters kannte, beschreibt in diesem Märchen, wie sich der Schatten selbstständig macht und sich zum Herrn und Meister seines Besitzers aufschwingt. Schließlich lässt der Schatten seinen Herrn von der Königstochter ermorden. Das Märchen schildert eindringlich, was passieren kann, wenn der Schatten zu mächtig wird. So ist jeden Tag in den Medien zu lesen, zu hören oder zu sehen, wie Schattenanteile eines Menschen plötzlich die Überhand gewinnen und dieser Mensch mordet, vergewaltigt oder sonstige kriminelle Handlungen vollzieht.
Märchen zeigen eindrucksvoll auf, wie der Schatten sich in Licht verwandeln kann. Häufig ist es, wie zum Beispiel beim Froschkönig, die Liebe, die den Schatten erlöst. Da werden Prinzen oder Prinzessinnen von dunklen Mächten, einem Zauberer oder einer Hexe verwünscht und in abstoßende Gestalten verwandelt, bis jemand hinter der abstoßenden Fassade ihr liebenswertes Wesen erkennt und sie trotz des hässlichen Äußeren liebt.

Im Zeitalter von Fernsehen und Internet wird das Böse tagtäglich inszeniert. Es fasziniert uns und zieht uns magisch an. Nur so lässt sich erklären, warum Thriller eine so große Zuschauerzahl haben. Auf der Couch sitzend verfolgen wir gebannt, was Hannibal Lecter, den Menschenfresser in *Das Schweigen der Lämmer*, antreibt und hoffen, dass die Geschichte gut ausgeht. Der US-Psychiater Robert Simon gab 1996 seinem Buch über die dunklen Seiten des Menschen den Titel »Schlechte Menschen tun, was gute Menschen träumen«. Vielleicht hat das Außergewöhnliche, das wir vermeintlich selbst nie tun würden, einen besonderen Reiz, weil uns der Alltag zu trivial erscheint. Wir laben uns am Unglück der anderen und sind gleichzeitig erleichtert, dass es jemand anderen getroffen hat. Die gleiche Motivation, die früher jede Menge Schaulustige zu Hinrichtungen oder in den römischen Zirkus getrieben hat, lässt uns heute Gerichtsshows und ähnliche Formate ansehen. Dabei sind wir froh, auf der Seite der »Guten« zu sein.

Schattengefühle

»Die Kunst der Selbstwerdung besteht darin, unsere Wunden in Perlen zu verwandeln.«

Hildegard von Bingen

Alle Gefühle, die wir nicht haben wollen, sind Schattengefühle. Ob es nun Angst, Wut, Verzweiflung, Eifersucht, Neid, Hass, Ohnmacht oder Trauer ist, eines ist ihnen gemeinsam: Wir bewerten sie meist negativ, empfinden sie als unangenehm und tun in der Regel alles, um sie nicht zu spüren. Wir kämpfen gegen sie mit den raffiniertesten Strategien – ohne sie jemals besiegen zu können. Im Gegenteil: Verdrängte Gefühle haben eine große Macht. Sie lassen uns Dinge tun, die wir später bereuen, und sie lassen uns Dinge meiden, denen wir uns besser gestellt hätten. Und sie kommen nicht selten als körperliches Symptom wieder.

Der Psychoanalytiker Wolfgang Schmidbauer antwortete in einem Interview des *ZEITmagazins* (Heft 13/2009) auf die Frage, ob Männer und Frauen unterschiedlich verdrängen:

»Das Ideal der Männlichkeit beruht auf stärkeren Verdrängungen als das Ideal der Weiblichkeit – denken Sie nur an den Satz ›Ein Indianer kennt keinen Schmerz‹, den Jungen häufiger zu hören bekommen als Mädchen. Jungen werden zum Stolz erzogen und haben als Männer permanent Angst, in ihrem Stolz verletzt zu werden. Frauen sind mehr an Differenzierungen interessiert.«

Gefühle fragen uns nicht, ob sie da sein dürfen oder nicht. Sie sind einfach Bestandteil unseres Lebens, ungeachtet unserer Zustimmung. Lange Zeit dachte ich, wenn ich mich meinen Gefühlen stelle, wenn ich spüre, was da wirklich in mir los ist, dann überwältigen mich die Gefühle und richten großen Schaden an. Was für ein Irrtum! Genau das Gegenteil war der Fall: Je mehr ich meine Angst, meinen Schmerz, meine Wut verdrängte, desto mehr hatten sie mich im Griff. Erst als ich mich ihnen liebevoll zuwandte, verwandelten sie sich in wertvolle Signalgeber und Helfer. Gabrielle Roth sagt in ihrem wunderbaren Buch *Das befreite Herz* (Heyne 1995):

»Wir zahlen für die Folgen unserer Selbsttäuschung, indem wir zu Lagerhäusern nutzloser, veralteter Emotionen werden. Wir sind vollgestopft mit ungelösten Problemen aus der Vergangenheit, überhäuft mit Dingen, die völlig unpassend sind in Bezug darauf, wer wir sind und was wir jetzt machen … Wir müssen unsere emotionalen Kleiderschränke aufräumen.«

In der Schule und in der Berufswelt wurden wir hauptsächlich darin geschult, unseren Verstand zu benutzen und logisch zu denken. Einen guten Umgang mit Gefühlen lernten wir meist nicht. Doch

mit jedem Gefühl, das wir verdrängen, verlieren wir auch einen Teil unserer Lebenskraft, Lebendigkeit und einen Teil unserer inneren Weisheit. Wer ein Meister im Verdrängen ist, darf sich nicht wundern, wenn er auch einen großen Teil der Fähigkeiten, die er hat, und viel von seiner Flexibilität, Lebensfreude, Gefühlstiefe und Fantasie einbüßt.
Doch die Forderungen nach emotionaler Intelligenz werden immer lauter. Mittlerweile ist es bis in die Vorstandsetagen großer Konzerne vorgedrungen, dass nur diejenigen Mitarbeiter, die einen guten Zugang zu ihren Gefühlen haben und diese auch konstruktiv kommunizieren, einen guten Job machen können.
Ich möchte an dieser Stelle auf einzelne Gefühle etwas genauer eingehen.

Angst

Angst gehört zu den am häufigsten verdrängten Gefühlen. Wir empfinden sie als unangenehm und verleugnen sie. Häufig ist sie nicht direkt zu erkennen, doch sie liegt unter vielen anderen Gefühlen verborgen. Manchmal ist da vielleicht eine tiefe Verzweiflung oder Hoffnungslosigkeit. In Wirklichkeit verbirgt sich jedoch dahinter die Angst vor dem Tod.
Unser Gehirn hat drei verschiedene Möglichkeiten, uns zu schützen. Unter all diesen Schutzstrategien verbirgt sich Angst. Da ist zunächst der Rückzug, das Sich-Verstecken oder Flüchten. Wir tun dies aus Angst. Auch unter der Aggression, der Wut, dem Kämpfen und Antreiben steckt oft tief verborgen die Angst. Die dritte Schutzstrategie ist die Anpassung. Ich tue, was du von mir willst, ich bin immer nett und hilfsbereit – damit ich dazugehören darf

und somit besser geschützt bin. Normalerweise erzählen wir uns einleuchtende Geschichten und finden triftige Gründe, warum es jetzt gerade wichtig ist, zu flüchten, wütend zu werden oder uns anzupassen. Diese Geschichten führen dazu, dass wir in alten Mustern stecken bleiben und der Angst nicht wirklich begegnen.

Viele Menschen setzen Angst mit Schwäche gleich, und wer will in einer Gesellschaft, die permanent das »Cool und gut drauf«-Sein auf ihre Fahnen geschrieben hat, schon schwach sein? Wir streben danach, von anderen Menschen als tatkräftig, mutig, selbstbewusst, ohne Hemmungen und Zweifel wahrgenommen zu werden. Doch das Leben ist permanente Ungewissheit. Wir haben keine Ahnung, was morgen sein wird, ob der Partner dann noch an unserer Seite ist, ob wir den gut bezahlten Arbeitsplatz noch haben oder noch gesund sind. Das einzig Sichere im Leben ist der Tod. Angst begleitet also unser Leben, ob wir es wahrhaben wollen oder nicht. Je mehr wir sie verdrängen, desto mehr verfolgt sie uns. Das mag einer der Gründe dafür sein, dass Angsterkrankungen rapide zunehmen. Der Konsum von angstlösenden und antidepressiv wirkenden Medikamenten ebenfalls. Wir glauben, wir könnten uns Angst nicht mehr leisten und zahlen dafür einen hohen Preis. Die psychisch bedingten Fehlzeiten haben laut einer Untersuchung der Techniker Krankenkasse seit dem Jahr 2000 um rund 40 Prozent zugenommen. Die Einnahme von Antidepressiva hat sich bei Frauen in den vergangenen zehn Jahren verdoppelt, bei Männern hat sie um 120 Prozent zugenommen. Diese Zahlen sind erschreckend.

Wie bereits oben erwähnt, ist es uns häufig gar nicht bewusst, dass wir aus Angst heraus handeln. Wir glauben, gewichtige Motive für unser Handeln zu haben, doch in Wirklichkeit hat uns die Angst im Griff. Hierzu ein Beispiel aus meiner Praxis.

Axel ist fünfundvierzig Jahre alt und beruflich sehr erfolgreich. Während er einen Termin bei mir wahrnimmt, wartet auf der Straße der Chauffeur im Auto auf ihn, denn Axels Arbeitstag hat achtzehn Stunden, auch an den Wochenenden. Gerade hat er die Trennung von seiner Frau und seinen drei Kindern hinter sich. Er berichtet, die Kinder hätten noch gar nicht bemerkt, dass ihr Vater nicht mehr bei ihnen wohnt. Er war eh nie zu Hause. Da Ehe und Familie für Axel einen großen Wert darstellen, ist für ihn das Scheitern im privaten Bereich ein großes Versagen, doch er fühlt sich gleichermaßen als Opfer, das dem beruflichen Druck nicht entkommen kann. Ich schlage Axel vor, mit seinem inneren Antreiber zu sprechen.

Der Antreiber ist mächtig. Anfangs steht er hinter Axels Stuhl, doch schon bald kann er nicht mehr stillhalten und geht hektisch im Raum auf und ab. Er berichtet mir, dass er Axel zwischen vier und halb sechs Uhr aufstehen lässt und vom ersten Moment des Aufwachens an präsent ist. Für ein Frühstück lässt er ihm keine Zeit. Während Axel seinen Kaffee schlürft, geht der Antreiber mit ihm dessen langen To-do-Listen durch. Dann schickt er ihn in den Tag, der meist bis elf Uhr nachts dauert. Sein oberstes Ziel ist es, dass Axel nach seinem Tod etwas Bleibendes hinterlässt.

Seit einiger Zeit beobachtet der Antreiber mit Sorge, dass Axel nicht mehr ganz so leistungsfähig ist wie vor einigen Jahren, doch Pausen sind für ihn verlorene Zeit. Als ich ihn frage, wie es Axel denn ohne Verschnaufpausen geht, meint er: »Prima. Er ist es nicht anders gewöhnt. Er braucht keine Pausen. In Pausen kommen eh nur alte, unangenehme Gefühle hoch.« Ich werde hellhörig und frage nach. Der Antreiber ringt sichtlich mit sich, murmelt etwas von Angst vor Kontrollverlust. Ich lasse ihm Zeit. Schließlich rückt er damit heraus, dass Axel mit vier Jahren für längere Zeit ins Krankenhaus musste, weil er schwer krank war. Er hatte schreckliche Angst, denn damals durften die Eltern noch nicht Tag und Nacht bei ihren Kindern im Krankenhaus sein. Er fühlte sich völlig allein, den Ärzten ausgeliefert und ohnmächtig. »Von da an habe ich dafür gesorgt, dass Axel die totale Kontrolle über sein Leben hat. Ich will, dass er nie mehr derartige Gefühle erlebt. Es war zu schlimm.« Dann drängt er, zum Ende der Sitzung zu kommen, denn der Chauffeur wartet darauf, Axel zum nächsten Termin zu bringen.

Axel ist ziemlich schockiert, als er realisiert, was der eigentliche, versteckte Motor des Antreibers ist. Nie hätte er gedacht, dass es eine alte Angst ist, die sein Leben bestimmt. Er will sich nicht mit dieser Angst auseinandersetzen und beugt sich lieber dem Diktat des Antreibers. In der Sitzung wird ihm jedoch klar, dass er die alte Angst damit nicht auflösen kann.

Unsere Angst kann nur dann schwinden, wenn sie uns bewusst ist und wir ihr nicht ausweichen. Wenn wir ganz im Augenblick leben, gibt es sie nicht, denn Angst hat immer etwas damit zu tun, dass wir etwas in der Zukunft fürchten oder dass in der Vergangenheit Schlimmes geschehen ist, von dem wir nicht wollen, dass es sich wiederholt. Doch die Vergangenheit ist vorbei, die Zukunft noch nicht da. Es gibt nur den jetzigen Moment. Wenn wir im Hier und Jetzt unsere Angst wahrnehmen und sie im Bewusstsein wie ein ängstliches Kind liebevoll halten, beruhigt sie sich. Dann kann sich die Magie des Augenblicks entfalten.

Angst-Übung

Wovor habe ich Angst?

Was ist meine größte Angst?

Was sind meine Strategien, um Angst nicht zu spüren?

Was würde geschehen, wenn ich der Angst jetzt, in diesem Moment, einfach begegnen würde, ohne sie weghaben oder verändern zu wollen?

Was würde geschehen, wenn ich das, wovor ich Angst habe, einfach zulassen würde, ohne es zu bekämpfen?

____

____

____

____

Trauer

Jeder Verlust will betrauert werden. Ob wir nun einen geliebten Menschen oder ein Haustier verloren haben, aus einer Gegend wegziehen mussten, die uns ans Herz gewachsen war, oder eine Arbeit, die uns Freude bereitet hatte, gekündigt wurde, all dies bedeutet Abschied. Wir können uns noch so oft vorsagen, Abschied bedeutet auch Neuanfang, doch wir können nicht den zweiten vor dem ersten Schritt tun. Und der heißt: Die Trauer über den Verlust zulassen.

Da wir jedoch in einer Spaßkultur leben, in der es fast ein Verbrechen ist, nicht »gut drauf« zu sein, erhalten wir oft außer einem »Wird schon wieder!« nicht viel Unterstützung, wenn wir traurig sind, und packen unsere Trauer oft viel zu schnell weg. Wir entschuldigen uns, wenn wir vor anderen weinen. Wir schämen uns der Tränen, wischen sie schnell weg und sind wieder gefasst. Wer hat uns erzählt, man dürfe nicht weinen? Ich erlebe tagtäglich in meiner Arbeit, welch massive Auswirkungen es hat, wenn nach einer zerbrochenen Beziehung oder nach dem Tod eines Partners nicht getrauert wird und sofort Trost beim nächsten Partner gesucht wird. Der neue Partner muss dann ausbaden, wenn wir uns nicht wirklich einlassen und unser verwundetes Herz öffnen können.

Silvia ist bei mir in Therapie, weil sie sich total erschöpft fühlt. Sie hat depressive Verstimmungen, kann nicht mehr schlafen, alles ist ihr zu viel. Sie hat keine Erklärung für ihre Gefühlszustände. Alles scheint auf den ersten Blick in bester Ordnung zu sein. Sie hat zwei reizende Kinder, einen Beruf, der sie erfüllt, und einen Mann, der sie liebt.

Als wir schon mehrere Wochen miteinander gearbeitet haben, erwähnt sie in einem Nebensatz, dass sie ein Kind verloren hat. Beim Erzählen werden ihre Augen feucht. Ich frage nach. Silvia erzählt, dass das Kind, ein Mädchen, im sechsten Monat tot geboren wurde. Während sie noch in der Narkose lag, wurde, auf Veranlassung ihres Mannes hin, das tote Mädchen sofort weggebracht. Sie hat es nie gesehen. »Das Leben musste weitergehen,« sagt Silvia. »Ich hatte doch schon zwei Kinder. Und mein Mann wurde immer sauer, wenn er sah, dass ich geweint hatte. So habe ich die Trauer einfach weggepackt.«

Silvias Trauer ist wie ein offenes Geschwür, das nie heilen durfte. Es vergiftet ihr ganzes Leben, raubt ihre Energie und macht sie depressiv. Wir holen in der Therapie den Abschied von dem kleinen Mädchen nach. Silvia hält symbolisch ein Kissen im Arm und weint bitterlich. Ihre Tränen scheinen kein Ende zu nehmen. Ich lasse sie weinen, schreien und klagen. Nach zwei Stunden wird sie langsam ruhiger. Sie wiegt das Kind zart im Arm und gibt ihm einen Platz in ihrem Herzen. Danach ist es lange still in meinem Therapieraum.

Nur wenn wir trauern, können wir auch loslassen. Was bleibt, ist die Liebe, denn Trauer ist immer auch ein Ausdruck von Liebe. Nur wenn mir jemand wirklich am Herzen lag, trauere ich beim Abschied um ihn. Das Ausmaß der Trauer zeigt an, wie wichtig mir jemand war. Loslassen bedeutet nicht, jemanden aus meinem Herzen zu reißen. Im Gegenteil: Erst wenn ich dem geliebten Menschen einen Platz in meinem Herzen gebe, kann ich mich von ihm lösen.

Trauer-Übung

Gibt es etwas, das ich nicht betrauert habe?

____

____

Was tue ich, um Trauer zu vermeiden?

____

____

____

____

Welche Auswirkungen hat dies auf mein Leben, meine Beziehungen?

____

____

____

____

Wut

Wut ist eine angemessene Reaktion auf Grenzüberschreitungen. Sie schützt uns vor Ausbeutung und Verletzung. Wie das Schwert eines Zen-Meister durchschneidet sie Ungerechtigkeit und Heuchelei. Doch gerade in spirituellen Kreisen hat Wut keinen guten Ruf. Sie scheint nicht zu einem liebevollen Umgang miteinander zu passen. Es ist eine große Kunst, die Wut einerseits nicht ungehindert auszuleben und sie auf der anderen Seite nicht zu unterdrücken.

Ein Mensch, der seine wütenden und kämpferischen Anteile abspaltet, wird wehr- und machtlos. Er schneidet sich gleichzeitig auch von seiner Durchsetzungsfähigkeit ab. Er kann sich nicht angemessen schützen und nur schwer Nein sagen. Stattdessen wird er vielleicht zu einem Dauernörgler, der die Wut nicht dort zum Ausdruck bringt, wo sie wirklich hingehört.

> Anne kommt in Therapie, um ihre Eifersuchtsproblematik zu bearbeiten. Sie ist eine groß gewachsene Frau, die auf den ersten Blick sehr selbstbewusst erscheint. Doch in ihr gibt es ein äußerst verunsichertes Kind, das vor allem in Männerbeziehungen zum Vorschein kommt. Dieses Kind hat gelernt, sich anzupassen, auf die Bedürfnisse anderer zu achten und den Kontakt zu den eigenen Empfindungen abzuschneiden.
> Anne ist seit mehreren Monaten mit einem Mann zusammen, den sie im Internet kennengelernt hat. Ich lasse sie über die Beziehung erzählen. Sie berichtet, dass der Mann, in den sie sich verliebt hat, ihr ein Ultimatum gestellt hat: Entweder bekommt sie ihre Eifersucht in den Griff oder er trennt sich von ihr. Und das will Anne auf keinen Fall.

Sie erzählt, dass er viele Freundinnen hat, meist Frauen aus früheren Beziehungen, zu denen er regen Kontakt pflegt. Besonders mit einer Frau, die ihm in einer Lebenskrise einmal sehr geholfen hat, trifft er sich regelmäßig. Sie verbringen auch immer wieder ein Wochenende miteinander und fahren zusammen in Urlaub. Dabei teilen sie sich ein Bett, wie Bruder und Schwester eben. Auf Nachfrage meiner Klientin hin versichert der Partner, die Beziehung sei rein platonisch. Als Anne merkt, dass diese Frau ihm zu allen Tages- und Nachtzeiten zärtliche Nachrichten per SMS zuschickt, die beiden auch Kosenamen füreinander haben, will sie es wissen und bittet ihren Freund, sie doch der Unbekannten vorzustellen. Doch der wiegelt ab. Es gehe ihr gerade nicht gut, sie sei psychisch labil, später vielleicht. Außerdem solle sie nicht so eifersüchtig sein, sonst sei er weg.
Immer mehr seltsame Dinge kommen hinzu, doch Anne zweifelt nicht an ihrem Freund, sondern an ihren eigenen Gefühlen. Als ich sage, ihre Eifersucht sei doch berechtigt, sieht sie mich verwundert an. Sie kann nicht erkennen, dass das, was sie spürt, in Wirklichkeit ein gesundes Misstrauen ist, das sie nicht übergehen sollte. Es dauert noch Monate und braucht weitere schwerwiegende Verletzungen, bis Anne endlich ihre Aggression nutzt, um sich abzugrenzen und schließlich die Beziehung zu beenden.

Uwe und Linda sind seit zehn Jahren ein Paar. Sie kommen zu mir in Therapie, weil Uwe, laut Aussage von Linda, seine Aggressionen nicht im Griff hat. Immer wieder schreit er herum, es fliegen auch schon mal Teller an die Wand. Er ist mies

gelaunt und reagiert auf Linda häufig trotzig. Ich frage Uwe nach seiner Version der Geschichte, doch Linda fällt ihm immer wieder ins Wort, stellt ihn bloß und klagt ihn an. Uwe lässt all dies scheinbar unberührt mit sich geschehen.
Als ich ihn darauf aufmerksam mache, grinst er und sagt: »Das bin ich gewohnt. Ich klappe irgendwann einfach die Ohren zu.« Uwe hat nie gelernt, seine Aggressionen angemessen auszudrücken. Er will eigentlich der Liebe, Nette sein und hasst Streit. So unterdrückt er die Wut in alltäglichen kleinen Situationen. Wie bei einem Dampfkochtopf baut sich ein immer größerer Druck auf, der, wenn er sich entlädt, völlig überzogen ans Tageslicht kommt. Die Wut ist nicht etwa eine Hauptstimme von Uwe, sondern ein Schattenanteil, der erst dann zum Einsatz kommen darf, wenn er mit dem Rücken an der Wand steht. Er ist dann selbst so erschrocken über die Wucht seiner Wut, dass er sie schnell wieder wegsperrt und den lieben Jungen spielt, der sich eine Zeit lang besonders bemüht, seine Reaktionen wiedergutzumachen. Uwe ist in einem Teufelskreis von »lieber Junge« und »völlig überzogene Aggression« gefangen. Erst als er lernt, auf kleine Grenzüberschreitungen von Linda zu achten und sich abzugrenzen, hören die Wutattacken auf.

Wut-Übung

Welche Einstellung habe ich zur Wut?

____

____

Kann ich Wut zulassen, und wenn ja, wie zeige ich sie?

____

____

____

____

Wie verdränge ich Wut?

____

____

Wenn wir unser Herz öffnen für all die abgespaltenen Gefühle, wenn wir liebevoll mit ihnen in Kontakt treten, statt sie zum Schweigen zu zwingen, dann geschieht ein Wunder: Sie verwandeln sich.

Liebe und Freude

Ich treffe immer wieder auf Menschen, die die Liebe aus ihrem Leben verbannt haben. Sie sind vielleicht von ihren Eltern nicht um ihrer selbst willen geliebt oder von einem Partner verlassen und enttäuscht worden. Deshalb haben sie beschlossen, nie mehr zu lieben. Der Schmerz war zu groß. Sie haben ihr Herz verbarrikadiert, um nicht mehr verletzt zu werden und haben sich damit arrangiert, keinen Partner zu haben. Der rationale Verstand versucht vielleicht, sie zu schützen, und lässt sie glauben, Liebe sei eh nur

sentimentale Gefühlsduselei, die früher oder später scheitern muss. »Ich nehme lieber ein gutes Buch als einen Mann mit ins Bett«, sagte neulich eine Freundin zu mir. »Bücher schnarchen wenigstens nicht.« Dann zählte sie mir lang und breit all die Vorzüge auf, die ein männerloses Leben ihrer Meinung nach mit sich bringt.
Ich will damit nicht sagen, dass man nicht auch ohne Partner ein erfülltes Leben führen kann. Doch viele Menschen sind unfreiwillig allein. Sie sehnen sich tief in ihrem Innern nach Liebe und Geborgenheit, doch sie sind nicht bereit, den Preis für die Liebe zu bezahlen. Liebe ist nicht nur freudvoll und erfüllend. Sie ist auch zerbrechlich und unstet. Sie kann uns in Abgründe jagen, von denen wir niemals dachten, dass sie überhaupt existieren. Wo die Liebe ist, ist oft im Schlepptau die Angst vor dem Verlust der Liebe. Doch wenn wir nicht riskieren, dass unser Herz verwundet wird, wenn wir Fehler und Verletzungen nicht verzeihen können, schneiden wir uns von der Liebe ab. Niemand beschreibt das besser als Khalil Gibran in seinem Buch *Der Prophet* (Patmos 2003):

»Von der Liebe
... wenn die Liebe dir winkt, folge ihr, sind ihre Wege auch schwer und steil. Und wenn ihre Flügel dich umhüllen, gib dich ihr hin, auch wenn das unterm Gefieder versteckte Schwert dich verwunden kann ... Denn so wie die Liebe dich krönt, kreuzigt sie dich. So wie sie dich wachsen lässt, beschneidet sie dich ... Aber wenn du in deiner Angst nur die Ruhe und die Lust der Liebe suchst, dann ist es besser für dich, deine Nacktheit zu bedecken und vom Dreschboden der Liebe zu gehen. In die Welt ohne Jahreszeiten, wo du lachen wirst, aber nicht dein ganzes Lachen, und weinen, aber nicht all deine Tränen.«

Wir wollen alle geliebt werden. Doch wie sieht es mit unserer eigenen Liebesfähigkeit und -bereitschaft aus? Wir hätten nur allzu gern, dass der andere in Vorleistung geht, während wir in sicherem Abstand der Dinge harren, die da kommen. Doch so funktioniert die Liebe nicht. Sie ist kein Tauschgeschäft, frei nach dem Motto: »Nur wenn du mich liebst, kann ich auch dich lieben.« Wenn wir uns jedoch darauf besinnen, dass unsere wahre Natur Liebe ist, dass das, was wir suchen, schon längst da ist, erst dann erschließt sich uns die Liebe in ihrem volle Potenzial.

Der Tod – Schatten der Schatten

Ich weiß nicht, woher mein Hang zu Friedhöfen kommt. Schon als kleines Mädchen ging ich gern auf den Friedhof und schaute mir im Leichenschauhaus die aufgebahrten Toten an. Ich war fasziniert von den wächsernen Leibern, die, schön geschmückt, bewegungslos dalagen. Ich erinnere mich, wie ich mir immer ausmalte, was sie für ein Leben geführt hatten und wie ich wohl aussehen würde, wenn ich einmal dort aufgebahrt liegen würde. Später, während meiner langen Indienaufenthalte, konnte ich stundenlang auf einem Verbrennungsplatz sitzen und zusehen, wie tote Leiber langsam verbrannten und nur ein Häufchen Asche übrig blieb. »Was ist der Tod? Was stirbt? Was bleibt?« waren die Fragen, denen ich immer wieder intensiv nachging.
Der Tod ist wohl das, was wir in der Regel am meisten verdrängen. Im Tod müssen wir alles loslassen, restlos alles. Das Haus, geliebte Menschen, unser Hab und Gut, unsere Identität, unseren Körper,

die Empfindungen und unsere Wahrnehmung. Dieser Gedanke ist so ungeheuerlich, dass er uns Angst macht. Todesangst. Angst vor dem Nichts. Manchmal entwickelt sich daraus sogar eine Thanatophobie, eine ständige Angst vor der Endgültigkeit, die unser Leben komplett lahmlegen kann.
Sogyal Rinpoche, der bekannte tibetische Meditationsmeister sagt in seinem Buch *Das tibetische Buch vom Leben und Sterben* (Fischer 2004):

> *»Ich bin zu der Überzeugung gelangt, dass die katastrophalen Folgen einer Verdrängung des Todes weit über das Individuum hinausreichen: Sie betreffen den ganzen Planeten … Angst vor dem Tod und Ignoranz gegenüber einem Leben danach sind der Treibstoff für die Umweltzerstörung, die unser aller Leben bedroht.«*
> *Sogyal Rinpoche ist zutiefst darüber beunruhigt, dass junge Menschen – obgleich in verschiedensten Fächern hochgebildet – nicht lernen, was der Tod wirklich ist und wie man friedlich stirbt. Für ihn hält der Tod den Schlüssel für das Leben, ja, sogar für das Überleben unserer Spezies bereit.*

Wenn wir unsere eigene Vergänglichkeit verdrängen, wird unser Leben flach und hohl. Wir glauben, wir hätten noch jede Menge Zeit und leben in den Tag hinein. Doch die einzige Sicherheit, die es im Leben gibt, ist der Tod. Und es ist unklar, wann er eintreten wird. Meist sehen wir erst dann, wie kostbar jeder Augenblick ist, wenn der Tod an unsere Tür klopft. Das heißt nicht, dass wir den Tod verherrlichen oder verklären sollen, aber wenn wir im Bewusstsein leben, dass uns in jedem Moment ein Auto überrollen oder eine Krankheit ereilen kann, dass es keine Selbstverständlichkeit ist, dass wir morgens zur Arbeit fahren und abends wieder bei unserer Familie sind, dann leben wir bewusster. Selbstverständliche Dinge wie Atmen, Sehen, Hören, Riechen und Schmecken werden zu einer Kostbarkeit. Menschen, die von einer lebensbedrohlichen Krankheit genesen sind oder einen Unfall überlebt haben, berichten davon, wie sehr die Nähe des Todes ihr Leben und dessen Qualität verändert hat. Sie leben mehr im Hier und Jetzt, können Kleinigkeiten genießen. Ihre Prioritäten haben sich verschoben, weg von Erfolg und materiellen Gütern hin zu erfüllten zwischenmenschlichen Beziehungen. Jeder neue Tag ist ein Geschenk.

Warum haben wir eine so große Angst vor dem Tod, dass wir ihn völlig von uns wegschieben? Wir wollen leben, dafür sorgt unser Überlebensinstinkt. Er befähigt uns, in lebensbedrohlichen Situationen Übermenschliches zu vollbringen und ungeahnte Kraftreserven zu mobilisieren. Wir wollen überleben, koste es, was es wolle. In Extremsituationen mit starkem Zeitdruck handeln wir sehr egoistisch, um unsere eigene Haut zu retten. Bei einer Massenpanik wie bei der Loveparade 2010 tritt soziales Verhalten wie Rücksichtnahme völlig in den Hintergrund. Das hat die Natur so eingerichtet.

Darüber hinaus fürchten wir das Unbekannte, das der Tod mit sich bringt. Noch nie ist jemand aus dem Reich der Toten zu uns zurückgekehrt und hat uns erzählt, was beim oder nach dem Tod geschieht. Und da Menschen gern wenigstens ein gewisses Maß an Sicherheit haben, fürchten sie den Tod und das, was danach kommt. Er ist absolut im Dunkeln. Wir wissen, dass wir in völlig unbekannte Bereiche vorstoßen – und es gibt absolut kein Navigationsgerät, das uns dort bei der Orientierung helfen könnte. Je stärker unser Bedürfnis nach Sicherheit und Kontrolle ist, desto schwerer wird es für uns sein, nicht zu wissen, wann uns der Tod ereilt.

In der Osterausgabe 2012 der Zeitschrift *West-Östliche Weisheit Heute* sagt Willigis Jäger in einem Interview über den Tod:

> *»Wir versinken nicht im Nichts. Wir öffnen uns für eine zeitlose Wirklichkeit.« Rational zu begreifen sei diese Wirklichkeit nicht. So sei Jesus auch nicht leibhaftig vom Grab auferstanden. Er habe seinen Leib zurückgelassen, um in eine ganz neue Seinsweise einzugehen. »Immer wieder muss ich sagen: Wir sind immer in dieser ›Seinsweise‹. Sie ist der Urgrund allen Seins und so auch unser Urgrund.« Der ›Himmel‹ sei kein Ort, sondern eine Ebene der Erfahrung, zu der unser Ich keinen Zugang haben könne. Sterben sei eine Entgrenzung. »Was dann sein wird, hat ›kein Auge gesehen und kein Ohr gehört‹.«*

In unserer Hochleistungsgesellschaft wurde der Tod weitgehend aus dem Leben verbannt. Er findet im Sterbezimmer eines Krankenhauses statt und nicht mehr wie früher zu Hause. Noch eine Generation vor uns wurde der Verstorbene bis zur Beerdigung zu Hause aufgebahrt. Er wurde von seinen Liebsten gewaschen und hergerichtet, die Angehörigen, Freunde, Nachbarn, Verwandten konnten in Ruhe von ihm Abschied nehmen. Der Tod war Teil des Lebens, es gab kaum ein Haus, in dem nicht schon jemand gestorben war. Man musste sich mit ihm auseinandersetzen. Findet Sterben nur noch im Krankenhaus statt, können wir nicht lernen, ganz natürlich mit ihm umzugehen. Heute meiden wir sogar das Wort »Tod«, in Sterbeanzeigen ist der Tote »verblichen«, »von uns gegangen«, bis hin zu »Er war dann mal weg«.

Ich möchte noch einmal Sogyal Rinpoche aus *Das tibetische Buch vom Leben und Sterben* (Fischer 2004) zitieren:

»Vielleicht ist aber die eigentliche Ursache unserer Angst die Tatsache, dass wir nicht wissen, wer wir wirklich sind. Wir glauben an eine persönliche, einzigartige und unabhängige Identität.« Untersuchten wir aber diese Identität, dann zeige sich, dass sie von einer endlosen Reihe von Dingen abhänge: Name, Lebenslauf, Partner, Familie, Freunde, Haus und Beruf usw. Auf diesen vergänglichen Stützen fuße unsere Sicherheit.
Wer wären wir wirklich, wenn uns all das genommen wäre, fragt Rinpoche. Und er antwortet: Wir wären nur noch wir selbst. Doch dies sei eine Person, die wir nicht kennen, ein Fremdling, mit dem wir nicht allein sein wollten.

Eines ist sicher: Das Leben ist tödlich. Wäre es deshalb nicht erstrebenswert, unser Leben einer Prüfung zu unterziehen und uns zu fragen: Lebe ich wirklich das Leben, das ich möchte, oder werde ich gelebt von äußeren Zwängen? Lasse ich mich ablenken von unwichtigen, sinnentleerten Dingen, weil ich glaube, dass ich noch ewig Zeit habe? Was in mir stirbt nie? Wer bin ich?
Wir können uns jeden Moment dafür entscheiden, uns mit der Angst vor dem Tod zu befassen, sie nicht mehr wegzuschieben und nach Sinn in unserem Leben zu suchen. Die Angst vor dem Tod kann uns wach machen für das Hier und Jetzt. Sie kann uns an den Punkt führen, wo wir den Tod als das größte Geschenk des Lebens begreifen können.

Übung: Wer bin ich?
Sorgen Sie dafür, dass Sie ungestört sind, setzen Sie sich bequem hin, und schließen Sie die Augen. Stellen Sie sich die Frage aller Fragen: Wer bin ich, jenseits von meiner

Biographie, von meinem Beruf, meiner Familie, meinem Partner, meinem Auto, meiner Kreditkarte, meinem Körper usw.?
(Sie können die Übung auch gern mit einem Partner zusammen durchführen, der Ihnen diese Fragen stellt.)

____

____

____

____

Übung: Auf dem Totenbett
Stellen Sie sich vor, Sie wären von einer giftigen Schlage gebissen worden, für deren Gift es kein Gegengift gibt, und Sie haben noch einen Tag zu leben. Auf dem Sterbebett liegend schauen Sie auf Ihr Leben zurück.

Was waren die wirklich wichtigsten Erlebnisse in meinem Leben?

____

____

____

____

Was wollten Sie auf keinen Fall missen?

Was würden Sie rückblickend anders machen?

Gibt es für Sie noch etwas zu erledigen?

Langsam erscheinen die Menschen, die Ihnen am wichtigsten waren. Was möchten Sie ihnen noch sagen?

Flucht vor dem Schatten: Unsere Abwehrmechanismen

Unsere Psyche hat ihr eigenes Immunsystem, ihre eigenen Abwehrmechanismen. Sie treten immer dann auf den Plan, wenn unser positives Selbstbild ins Wanken zu geraten droht und der Schatten ans Licht kommt. Abwehrmechanismen laufen meist unbewusst ab. Sie dienen dazu, unerwünschte innere Impulse oder Gefühle nicht zu spüren.
Ich möchte auf die verschiedenen Abwehrmechanismen näher eingehen.

Die Verdrängung: Ach, wie gut, dass niemand weiß …

Verdrängung ist wohl der bekannteste Abwehrmechanismus. Sie ist ein psychischer Vorgang, der vor allem die Aufgabe hat, das Ich vor einer Bedrohung zu schützen. Das Bedrohliche (z. B. unerwünschte Impulse, die ein Gefühl von Schuld, Scham oder ein schlechtes Selbstwertgefühl hervorrufen) wird ins Unbewusste verdrängt, und es ist schwer, sich bewusst daran zu erinnern. Verdrängtes kommt manchmal unbeabsichtigt durch Körpersymptome, Träume und Fehlleistungen wieder zum Vorschein.

Verdrängung ist ein völlig normaler Vorgang. Wir brauchen sie unbedingt, um bedrohliche Situationen zu überleben. Doch wenn zu viel verdrängt wurde, reichen die Schutzmechanismen manchmal nicht mehr aus. Wolfgang Schmidbauer sagt dazu im *ZEITmagazin* (Heft 13/2009):

> *»Stellen Sie sich eine Fabrik für Stressverarbeitung vor, die einen gewissen Vorrat an Energie gebunkert hat. Normalerweise funktioniert alles reibungslos, der Stress wird weggearbeitet … Gefährlich wird es, wenn die Energie erschöpft ist. Dann ist die Verarbeitung von Ängsten und Kränkungen nicht mehr möglich.«*

Schattenarbeit bedeutet, Verdrängtes aus dem Unbewussten ins Bewusstsein zurückzuholen. Dabei darf man keineswegs mit dem Holzhammer vorgehen. Es gilt, vorsichtig zu sein und den Schutzmechanismus der Verdrängung zu achten. Die Hauptstimmen des inneren Systems haben einen guten Grund, warum sie manches in die Verbannung schickten. Doch wenn sie ihre Zustimmung geben, dass Schattenanteile zu Wort kommen dürfen, dann steht der Integration des Schattens nichts mehr im Wege.

Die Projektion: Gut, dass ich nicht bin wie du!

Um auf Distanz zu unserem eigenen Schatten zu gehen und uns nicht mit ihm auseinandersetzen zu müssen, projizieren wir ihn häufig auf andere Menschen. Nur so können wir mit ihm in Kontakt treten. Doch wir können in anderen Menschen nur das sehen, was wir selbst sind. Das eigene Verdrängte, das mit gesellschaftlichen Normen, Werten und Regeln kollidiert, wird bei der Projektion auf andere Menschen übertragen und dort auch bekämpft. So beklagt der Geizkragen die Knauserigkeit der anderen. Und der Untreue misstraut seinem Partner. Die Projektion sucht die Schuld beim anderen, doch wer mit dem Finger auf andere zeigt, dessen Hand weist bekannterweise mit drei Fingern auf ihn selbst. Unsere Mitmenschen sind der Spiegel unseres eigenen Inneren.

Alles, was uns an anderen Menschen stört, nervt und unsere Emotionen in Wallung bringt, hat mit unserem eigenen Schatten zu tun. Der Feind ist bei der Projektion im Außen und nicht mehr in unserem Inneren. Wir können uns im Vergleich mit anderen besser, ja moralisch überlegen fühlen. Das Bild von uns selbst bleibt klar und widerspruchsfrei. Die Wahrnehmung anderer wird jedoch verzerrt. So führt die Projektion häufig zu zwischenmenschlichen Konflikten. Sie kann die Verfolgung von Minderheiten und sogar Krieg zur Folge haben. Staaten projizieren ihre eigenen Machtgelüste gern auf den Nachbarstaat, und begründen somit die Aufrüstung im eigenen Land.

Woran können wir erkennen, dass wir in einer Projektion gefangen sind? Ken Wilber drückt es in seinem Artikel *Wie man Projektionen zurücknimmt* (Scherz 1995) etwa so aus: Wenn uns etwas lediglich informiert, dann sind wir nicht in der Projektion. Wenn uns dagegen etwas affiziert, das heißt, wenn uns etwas aufregt, nervt oder massiv stört, dann können wir davon ausgehen, dass wir projizieren.

Die Projektion des Schattens nach außen ist auch Teil des psychiatrischen Krankheitsbildes der Paranoia. Eine meiner Klientinnen, eine sehr aggressionsgehemmte Frau, hatte große Angst, sie würde

von der Polizei abgeholt und in die Psychiatrie eingesperrt. Sie litt unter Verfolgungswahn und fühlte sich als ohnmächtiges Opfer, ihren aggressiven Schatten hatte sie auf Polizisten und andere Autoritätspersonen projiziert.
Das Gesetz der Resonanz sorgt dafür, dass wir Menschen anziehen, die unsere verdrängten Selbstanteile leben. Wenn wir unsere Aggressionen leugnen, dann ziehen wir aggressive Menschen an. Wenn wir unsere Machtgelüste verdrängen und uns stattdessen ganz bescheiden geben, so werden wir immer wieder machtvolle Menschen in unserem Umfeld haben. Nun haben wir die Wahl: Wollen wir sie bekämpfen oder wollen wir das Bekämpfte in unsere Persönlichkeit integrieren? Dabei sollte uns klar sein: Alles, was wir in anderen Menschen bekämpfen, bekämpfen wir auch in uns selbst. Und alles, was wir in uns selbst bekämpfen, das wird zu unserem Schatten.

An dieser Stelle werden Sie vielleicht sagen: »Aber ich will nicht so werden wie mein Nachbar, dieser rücksichtslose Egoist.« Das müssen Sie auch nicht. Einen Schattenanteil integrieren bedeutet nicht, genau so zu werden wie die verhasste Person. Sie sollten jedoch nicht vergessen, dass in jedem Schattenanteil ein verborgenes Geschenk steckt. Was kann ein rücksichtsloser Egoist, was Sie nicht können? Was an seinem Verhalten wäre es wert, in ihre Persönlichkeit integriert zu werden? Der rücksichtslose Egoist kann sich zum Beispiel wichtig nehmen, seine Bedürfnisse äußern, sich gut abgrenzen, Nein sagen, sich durchsetzen. Wäre es nicht wünschenswert, wenn Sie das auch hin und wieder besser könnten? Wenn wir uns permanent zwanghaft bemühen, ja nicht so zu werden wie eine bestimmte Person aus unserem Umfeld, dann haben

wir keine Wahlfreiheit mehr. Wir schneiden einen Teil von uns ab, der uns in machen Situationen sehr wohl hilfreich sein könnte.
Als Therapeutin wird mir ständig ein großer Spiegel vorgehalten. Jeder Klient, der vor mir sitzt, reflektiert Anteile von mir. Über die Jahre passierte es mir immer wieder, dass genau die Menschen zu mir kamen, die das gleiche Entwicklungsthema hatten, mit dem ich gerade beschäftigt war. So viele Zufälle konnte es gar nicht geben. Wie oft saß ich schon in einer Therapiesitzung und hörte mir selbst zu. Das, was ich anderen Menschen sage, sage ich gleichzeitig auch zu mir selbst. Und es trifft immer zu. Wenn ich Sitzungen aufzeichne und später wieder abhöre, bin ich erstaunt, was ich Klienten gesagt habe und wie sehr es auch für mich gilt.
Wenn wir wissen wollen, wie es um uns selbst bestellt ist, dann sollten wir genau zuhören, wie wir über andere sprechen. Unsere Urteile über andere Menschen sind immer auch Urteile über uns selbst. In Supervisionen höre ich manchmal Kollegen über schwierige Klienten klagen. Für mich gibt es keine schwierigen Klienten, obwohl immer wieder auch einmal jemand zu mir in Therapie kommt, der mir Probleme bereitet. Aber es macht einen Unterschied, ob ich sage: »Das ist ein schwieriger Mensch«, oder ob ich sage: »Ich habe Schwierigkeiten mit diesem Menschen.« Im einen Fall schreibe ich das Problem dem Klienten zu, im anderen übernehme ich selbst die Verantwortung für die Schwierigkeit. Wenn mir also jemand Kopfzerbrechen bereitet, dann ist das für mich ein Hinweis auf eine Grenze in meinem Herzen, ein Fingerzeig zu verdrängten Anteilen von mir selbst. Dann kann ich in die Selbsterforschung gehen und mich fragen, was bei mir noch nicht integriert ist, wo ich noch immer in der Ablehnung bin. So bleibe ich als Therapeutin immer auch Lernende, und das gefällt mir.

Vor einigen Jahren verbrachte ich einen Urlaub mit einer Freundin, die mir arg zusetzte. Ich erlebte sie als total hektisch, dominant, und ich fühlte mich ständig von ihr angetrieben. Nachdem es zu Beginn des Urlaubs gleich einen Eklat gegeben hatte, worauf sie sich völlig zurückgezogen und mit mir nicht mehr gesprochen hatte, gelang es mir nur mit Mühe, sie wieder aus der Reserve zu locken. Für den Rest des Urlaubs vermieden wir beide um der Harmonie willen jedes ehrliche Wort.

Doch nach dem Urlaub schrieb ich ihr einen Brief. Ich konnte und wollte nicht, dass so viel Unausgesprochenes zwischen uns war. Doch der Bumerang, den ich zu ihr schleuderte, kam mit voller Wucht zu mir zurück. Sie warf mir interessanterweise das Gleiche vor, was ich ihr in meinem Brief vorgehalten hatte. Auch sie hatte mich als dominant wahrgenommen und führte einige Beispiele an, wo ich ihr nur recht geben konnte. Zwei Platzhirschkühe hatten um die Vorherrschaft gekämpft. Ich hatte meine eigene Dominanz einfach nicht wahrhaben wollen und mich als Opfer meiner Freundin gesehen. Darüber hinaus hatte mich ihre Hektik genervt, während sie mein Phlegma total aufgeregt hatte. Wir hatten uns unsere Schattenseiten gespiegelt. Als ich das erkannte, musste ich lauthals lachen. Leider fand meine Freundin das Ganze nicht so lustig und kündigte mir die Freundschaft. Ich vermisse sie noch heute.

Projektionen sind letztendlich Selbstbetrug. Wir belügen uns selbst, indem wir selbstgerecht über andere urteilen. Doch sie sind ein interessantes Phänomen, das wir für unser eigenes Wachstum bestens nutzen können. Sie sind *das* Mittel der Wahl, um unsere blinden Flecken zu entdecken, unserem Schatten auf die Spur zu kommen. Statt die Projektionen zu unterdrücken, sollten wir ihnen auf den Grund gehen. Wann immer wir einem anderen Menschen eine negative Eigenschaft zuschreiben, sollten wir uns folgende Fragen stellen:

- Wo bin ich so wie diese Person?
- Wann war ich in der Vergangenheit schon einmal wie diese Person?
- Wo könnte ich potenziell in der Zukunft so sein?

***Eine kleine Geschichte*[4]**

Es waren einmal zwei Asketen ungleichen Alters. Sie hatten sich geschworen, ein reines Leben in Hinblick auf Ernährung, Lebensführung und Geisteshaltung zu führen. So hatten sie sich zum Beispiel geschworen, kein Fleisch zu essen und sich sowohl körperlich als auch gedanklich nicht mit Frauen einzulassen. Eines Tages kamen sie auf einer ihrer Wanderungen an einen Fluss, den sie überqueren mussten. Durch einen Regenfall der vorhergehenden Nacht war die Strömung des Flusses ausgesprochen stark.

Am Ufer stand eine Frau, die ebenfalls über den Fluss gelangen musste. Aufgrund der starken Strömung sah sie sich aber allein dazu nicht in der Lage. Sie bat den älteren der beiden Asketen, ihr über den Fluss zu helfen. Dieser nahm

4 Aus: Doris Iding. *Alles ist Yoga. Weisheitsgeschichten aus dem Yoga.* Schirner 2010

sie auf seine Schultern und trug sie über den Fluss. Auf der anderen Seite des Flusses angekommen, setzte er die Frau wieder ab und verabschiedete sich von ihr. Dann setzte er gemeinsam mit dem anderen Asketen die Reise fort.
Die beiden schwiegen eine Zeit lang. Aber nach etwa zehn Meilen platzte es ärgerlich aus dem jüngeren Asketen heraus: »Du hast unseren Schwur gebrochen! Wir wollten uns niemals mit Frauen einlassen. Deshalb hättest du diese Frau nicht über den Fluss tragen dürfen.« Der ältere Asket wandte sich erstaunt dem jüngeren zu und erwiderte lächelnd: »Ich habe die Frau bereits vor zehn Meilen, am Ufer des Flusses, abgesetzt. Warum trägst du sie immer noch, in deinem Kopf, mit dir?«

Die Reaktionsbildung: Eigentlich bin ich ganz anders …

Die Reaktionsbildung besteht darin, dass jemand sich auffällig anders zeigt, als er tatsächlich ist. Innere Anteile, die nicht sozial verträglich oder inakzeptabel sind, werden in den Keller der Psyche verbannt. Stattdessen wird ein diametral entgegengesetztes Verhalten gezeigt. Das Bild, das jemand nach außen hin verbreitet, stimmt nicht mit den inneren Gefühlen überein.
Beispiele dazu:

- Der versteckt Aggressive zeigt sich besonders friedfertig.
- Der Rassist betont lautstark seine Vorurteilslosigkeit gegenüber Fremden.

- Die Mitarbeiterin einer Firma lobt begeistert ihren Chef, obwohl eine unbewusste Ablehnung des Chefs besteht.
- Jemand verdrängt seine berechtigte Wut und reagiert stattdessen behütend und fürsorglich.
- Der Familienvater würde am liebsten seine Kollegin vernaschen. Stattdessen verhält er sich besonders reserviert.
- Ein Mensch mit starken homosexuellen Neigungen wehrt diese ab, indem er schlecht über Homosexuelle spricht.

Dieses Verhalten wird wie alle Abwehrmechanismen ausgebildet, um unerwünschte Erlebenszustände wie Schuldgefühle, Wut, Scham und Angst zu bewältigen. Das kann so weit führen, dass zum Beispiel der »Freundliche, Nette« mit der Zeit selbst nichts mehr von seiner Wut weiß und der »Fromme« nichts mehr von seinen »sündigen« Regungen spürt.

Das Ungeschehenmachen: Was nicht sein darf, kann nicht sein …

Das Ungeschehenmachen gleicht dem magischen Denken von Kindern, wenn sie etwas Bedrohliches wegzaubern wollen. Bei diesem Abwehrmechanismus wird ein »unmoralischer« Gedanke oder eine »unmoralische« Handlung durch Rituale abgewehrt oder gesühnt. Diesem Ritual wird eine symbolische Kraft zugeschrieben, deren Ziel es ist, Gefahr zu bannen und Strafe bei Verbotsübertretungen abzuwenden. So klopft jemand zum Beispiel auf Holz, damit alles gut geht. Oder ein Priester könnte drei Rosenkränze beten, nachdem er mit seiner Haushälterin geflirtet hat.

Das Ungeschehenmachen kommt am deutlichsten bei Zwangsstörungen vor. So kann jemand zwanghaft ordnungsliebend sein, um Chaotisches zu verbannen. Auch ein Waschzwang kann dazu dienen, »Sünden« wegzuwaschen. Zum Ungeschehenmachen gehören auch andere Zwangshandlungen, wie z.B. auf der Straße jeden vierten Pflasterstein betreten zu müssen, damit nichts Schlimmes passiert, oder immer nach Verlassen des Hauses die Tür noch einmal kontrollieren zu müssen, obwohl man abgeschlossen hat.

Die Verleugnung: Mir passiert so etwas nicht!

Bei der Verleugnung wird alles, was nicht ins persönliche Weltbild passt und unangenehme Gefühle verursacht, kurzerhand ignoriert. Dabei fallen Tatsachen einfach unter den Tisch. Man glaubt, nur weil man selbst etwas ignoriert, wird es auch vom anderen nicht mehr registriert werden.
So führt ein Raucher gern das Beispiel unseres ehemaligen Bundeskanzlers Helmut Schmidt an, der Zeit seines Lebens Kettenraucher und mit über neunzig Jahren noch immer putzmunter ist. Oder jemand hat ungeschützten Sexualverkehr mit einem Unbekannten, leugnet jedoch die Aidsgefahr. Und der jugendliche alkoholisierte Autofahrer ist sich sicher, dass ihm kein Unfall passiert.

Verschiebung: Immer auf die Kleinen!

Bei diesem Abwehrmechanismus werden Gefühle, Fantasien und Impulse von der Person, der sie ursprünglich gelten, weg und zu einer anderen Person verschoben, sodass die Person, die die Impulse eigentlich ausgelöst hat, verschont bleibt. Ein klassisches Beispiel hierfür ist der Mann, der von seinem Chef zu Unrecht zusammengestaucht wird, sich aber nicht wehrt, sondern stattdessen zu Hause die Kinder anbrüllt oder den Hund tritt. Verschiebung dient meist dazu, zwiespältig erlebte Beziehungen zu sichern. Die Aggression wird nicht am Stärkeren, sondern an einem Schwächeren ausgelassen, da sonst die Beziehung gefährdet wäre. So lässt sich das Phänomen der Tierquälerei gut erklären.

Es kann auch passieren, dass die Aggression, die jemandem im Außen gilt, nach innen verschoben wird. Der Innere Kritiker bemächtigt sich der Wut, die dem Chef gilt, und richtet sie – statt nach außen – gegen die eigene Person. So wird sie zur Autoaggression. Diese Form der Selbstbeschuldigung ist immer noch leichter zu ertragen und mit weniger Angst verbunden, als einer Autoritätsperson die Stirn zu zeigen.

Verschiebung führt manchmal auch zur Entstehung von Phobien. So kann eine Spinnenphobie ein Hinweis auf Ängste und Aggressionen sein, die sich auf Bezugspersonen beziehen, von denen man sich vereinnahmt und gefesselt fühlt. Und bei einer Höhenangst könnte man fragen, ob jemand sich fürchtet, mit einer Bezugsperson um Rang und Position zu konkurrieren. Der Klaustrophobe fühlt sich womöglich einerseits von bestimmten Personen beengt, will aber andererseits auf deren Schutz nicht verzichten.

Um den Zusammenhalt zu festigen, werden Aggressionen zwischen Mitgliedern einer bestimmten Gruppe oft auf äußere Feinde verschoben. Der Gruppenfremde wird quasi zum gehassten Objekt, gegen den sich aller Widerwille richtet. Dieser Mechanismus wirkt vor allem bei ideologischen Gruppierungen. Je eindeutiger eine Gruppierung ihre Mitglieder auf eine Sichtweise verpflichtet, desto feindseliger wird sie sich nach außen verhalten.

Rationalisierung: Man muss das verstehen!

Jeder Mensch hat gute Gründe für sein Handeln. Doch bisweilen machen wir uns selbst etwas vor und verschleiern unsere wahren Motive. Zuzugeben, dass diese unvernünftig oder kritisierenswert sind, fällt uns schwer, und so finden wir zweifelhafte Begründungen für unser von Emotionen geleitetes Handeln: Wir rationalisieren. Beispiele hierfür sind:

- Tom schreibt in der Klassenarbeit eine schlechte Note und begründet sie damit, dass der Lehrer unfähig ist, einen guten Unterricht zu halten, statt zuzugeben, dass er zu wenig gelernt hat.
- Sven ist Raucher. Er gibt als Motiv für seine Sucht den Protest gegen seine spießigen Eltern an.

- Petra hat sich in Axel verliebt. Da sie weiß, dass er am Wochenende auf einer Vernissage ist, geht sie dort hin, gibt aber vor, sie interessiere sich für Kunst.
- Alexandra ärgert sich darüber, dass Jens seine Socken in der ganzen Wohnung verteilt. Doch sie sagt zu ihrer Freundin: »So sind die Männer eben!«

Die Rationalisierung dient dazu, Abstand zu unangenehmen Gefühlen zu schaffen und Konflikte zu vermeiden. Grundsätzlich ist nichts dagegen zu sagen, Dinge erst einmal nüchtern zu betrachten und dann erst zu reagieren. Doch wenn ein Mensch es mit dem Rationalisieren übertreibt und nur im Kopf lebt, wird er unnahbar. Wer die Dinge ständig rational erklärt, dem fehlt es an Lebendigkeit. Emotionen sind von der lateinischen Wortbedeutung her »Heraus-bewegungen«. Wer mit seinen Gefühlen gut im Kontakt ist, der ist auch beweglich. Ratio, die Vernunft, dagegen lässt uns nur allzu leicht starr werden. Wer alles logisch erklären will, wirkt steif und kontrolliert. Der Rationalisierer mag zwar für sich denken, er habe alles im Griff, doch tatsächlich wird er ständig von verleugneten Gefühlen und einer ihm fremd gewordenen Umwelt bedroht.

Auswirkungen des Schattens

Viele Menschen glauben, dass der Schatten keine Auswirkungen hat. Wenn sie wie der Vogel Strauß den Kopf einfach in den Sand stecken, glauben sie: Was ich nicht weiß, macht mich nicht heiß. Sie wollen sich nicht mit Verdrängtem und Unbewusstem beschäftigen und sind dann verwundert, wenn ihr Leben eine Richtung nimmt, die sie niemals wollten.
Was wir nicht in Besitz nehmen, besitzt uns. Auch wenn wir unsere Schattenanteile noch so gut verstecken, sie werden unbewusst von anderen Menschen wahrgenommen. Wir kommunizieren sie nonverbal. Und unsere Mitmenschen reagieren darauf. Dazu ein Beispiel aus meiner Praxis.

Helga kommt in Therapie, weil sie herausfinden will, warum Männer, mit denen sie sich eine Beziehung gut vorstellen kann, nach kürzester Zeit das Weite suchen. »Irgendetwas muss ich an mir haben, dass sie vor mir flüchten«, sagt sie. Helga ist vierzig Jahre alt. Sie hört die biologische Uhr ticken und will unbedingt eine Partnerschaft. Bewusst nimmt sie nur ihren großen Beziehungswunsch wahr. Doch schon bald stellt sich in unserer Arbeit heraus, dass sie, was Männer anbelangt, sehr ambivalent ist. Es gibt in ihr auch einen Anteil, der völlig resigniert hat und nicht mehr daran glaubt, dass ein Mann sie voll und ganz lieben kann. Diesen Anteil verbirgt sie hinter einer selbstbewussten, kühlen Fassade,

> doch die Männer können ihn spüren. Darüber hinaus entdecken wir eine Stimme in ihr, die Männer verachtet. »Feige und schwach sind sie!«, sagt diese Stimme zu Helga. »Lass lieber die Finger von ihnen!« Und genau das spiegeln ihr die Männer zurück: Sie lassen ihre Finger von Helga.

Interessanterweise neigen wir unbewusst dazu, uns mit Menschen zu umgeben, die die verborgenen Aspekte unser selbst offen leben. Wir bekämpfen dann diese Gegensätze, weil wir sie in uns nicht sehen wollen. Die Energien polarisieren sich. So bekämpft dann der Emotionale den Rationalen, der Ordentliche den Schlampigen, der Angepasste den Rebellischen und die Aufopfernde den Egoistischen. Wir lehnen im anderen ab, was uns zu unserem Ganzsein fehlt.

Alles, was wir nicht integriert haben, begegnet uns verstärkt im Außen wieder – das ist eine Gesetzmäßigkeit. Der Schatten tyrannisiert unser Leben und hat uns im Griff. Was wir nicht leben, das leben unsere Freunde, Partner, Kinder und Arbeitskollegen oft in einem Übermaß. Statt uns als Opfer zu fühlen, könnten wir uns fragen: Warum gerate ich immer wieder an egoistische Männer, die sich nicht einlassen wollen, wo ich doch selbst so beziehungswillig bin? Warum verweigern meine Kinder Leistung, wo mein Mann und ich doch so erfolgreich sind? Und warum habe ich immer wieder rücksichtslose Chefs, die mich ausbeuten, wo ich doch so sehr auf die Bedürfnisse meiner Mitmenschen achte?

Verdrängte Anteile sind nicht einfach weg, nur weil wir sie nicht wahrnehmen. Im Gegenteil: Je länger wir sie wegsperren, desto massiver werden ihre Ausbruchsversuche. Sie können sogar dämonisch werden und pervertieren, wenn wir ihnen keine Aufmerksamkeit schenken. Ein Tier, das wir für Jahre in einen kleinen Käfig sperren, wird sich nicht mehr natürlich verhalten und uns vielleicht attackieren, wenn die Tür sich öffnet. Je mehr wir etwas weghaben wollen, desto mehr klebt es an uns. Und wenn es doch zum Vorschein kommt, dann ist es oft völlig überzogen. Ein Mensch, der beispielsweise keine Grenzen setzen kann, wird sein Nein nur dann aussprechen, wenn ihm das Wasser bis zum Hals steht – und wenn er sich völlig in die Enge getrieben fühlt, wird sein Nein entsprechend heftig ausfallen.

Darüber hinaus bedarf es eines großen Energieaufwandes, etwas vor sich selbst und der Welt zu verbergen. Stellen Sie sich vor, Sie müssten permanent einen Ball unter Wasser halten. Der Ball darf auf keinen Fall an die Wasseroberfläche kommen! Das kann auf Dauer sehr anstrengend sein. Wenn wir jedoch zulassen, dass die Wahrheit ans Licht kommt, sind wir frei. Wir sind nur so krank wie unsere Geheimnisse. Schließen wir Frieden mit uns selbst, mit unserem Schatten, dann wird uns die Welt den Frieden zurückspiegeln. Wenn wir irgendein Gefühl oder einen Impuls unterdrücken, dann unterdrücken wir auch seinen polaren Gegensatz. Wenn wir unsere Angst verdrängen, schwächen wir unseren Mut. Wenn wir unsere Gier nicht sehen wollen, schmälern wir unsere Großzügigkeit. Wenn wir unsere Schwäche nicht annehmen, sind wir nicht wirklich stark.

Darüber hinaus enthält jeder Schattenaspekt ein verborgenes Geschenk, einen Schatz, den zu heben es sich lohnt:

- Das Geschenk des Geizes ist Sparsamkeit.
- Das Geschenk der Verantwortungslosigkeit ist Loslassenkönnen.

- Das Geschenk der Aggressivität ist Lebendigkeit.
- Das Geschenk der Streitsucht ist Auseinandersetzungsfähigkeit.

Übung: Das Geschenk im Schatten sehen

Denke an eine Eigenschaft, die du bei einem anderen Menschen ablehnst. So willst du auf keinen Fall sein! Was ist das Geschenk, das Gute in dieser Eigenschaft, das du durch deine Ablehnung wegwirfst? Was kann der Mensch, der diese Eigenschaft lebt, was du nicht oder nur schlecht kannst, das es sehr wohl wert wäre, von dir in deine Persönlichkeit integriert zu werden?

Ein Beispiel: Ich mag nicht, dass meine Kollegin so hochnäsig ist. Was ist das verborgene Geschenk in der Hochnäsigkeit? Steht die Freundin vielleicht zu ihrem Wissen und zeigt es offen, hat sie mehr Selbstbewusstsein, während ich mein Licht immer wieder unter den Scheffel stelle?

____

____

____

____

Die Früchte der Schattenarbeit

Uns mit unserem Schatten zu beschäftigen, ist meiner Meinung nach dringend »not-wendig«, das heißt, wenn wir verleugnete Anteile integrieren, können wir so manche innere Not zum Guten hin wenden. Die Augen zu verschließen und so zu tun, als hätten wir keinen Schatten, bringt uns nicht weiter. Im Gegenteil: Alles Verschattete hält uns in seinem Bann. Doch es braucht eine große Bereitschaft und viel Mut, sich dem Verdrängten in uns zu stellen. Unsere Hauptstimmen wollen nicht, dass wir uns dem Schatten zuwenden. Sie reden uns permanent ein, dass irgendetwas Schlimmes passiert, wenn unser Bewusstes Ich Schattenanteile mehr zum Zug kommen lässt. Nicht umsonst haben Hauptstimmen viele Jahre dafür gesorgt, dass Verdrängtes auch verdrängt bleibt.
Ich möchte Ihnen in den folgenden Ausführungen aufzeigen, warum es sich lohnt, dass wir mit unserem Schatten Freundschaft schließen.

Ganzheit

Vollkommenheit entsteht erst durch die Barmherzigkeit mit dem Nichtidealen.

Martin Schleske

In jedem Menschen gibt es eine tiefe Sehnsucht nach Ganzheit, nach seiner wahren Natur. Doch ganz können wir nur sein, wenn wir aus der Dualität von richtig und falsch, gut und schlecht heraustreten und alles als zu uns gehörig betrachten. So mancher Zeitgenosse, der sich auf den inneren Weg begeben hat, möchte gern ohne Mühen ans Ziel kommen. Doch den »Highway to Heaven« gibt es nicht, auch wenn spirituelle Lehrer dies manchmal behaupten. Es ist ein weit verbreiteter Irrtum, dass spirituelle Arbeit und Meditation die Arbeit an der Persönlichkeit ersetzen oder automatisch mit erledigen. Ich kann in der Meditation tiefe, spirituelle Erfahrungen machen und dennoch in meinem Alltag ein Chaot und Egoist sein. So kann uns die Suche nach Erleuchtung ganz schön hinters Licht führen, wie Abdi Assadi in seinem Buch *Schatten auf dem Pfad* (Theseus 2011) treffend aufzeigt.

Der deutsche Philosoph Georg Wilhelm Friedrich Hegel sagte:

> *»Das Wahre ist das Ganze. Es schließt den Ernst, den Schmerz, die Geduld und Arbeit des Negativen ein. Das Wahre ist die Einheit, insofern diese Einheit Prozess ist, d.h., insofern sich die Einheit in Verschiedenheit und Unterschied bis zum Widerspruch entfaltet hat. Das Wahre ist das Ganze: der Widerspruch.«*

Als ich im Alter von 30 Jahren meinen Beruf als Sonderschullehrerin aufgab, um mit meinem Traummann nach Italien auszuwandern, wähnte ich das große Glück auf meiner Seite. Viele Kollegen beneideten mich damals um meinen Mut, das vermeintlich sichere Beamtenleben hinter mir zu lassen. Doch das Liebesglück erwies sich als nicht tragfähig. Und so fand ich mich wenige Wochen später ohne Mann, ohne Beruf und ohne Geld in den Straßen von Florenz wieder.

Zutiefst erschüttert lief ich durch die Stadt, nicht wissend, was ich als Nächstes tun sollte. Der Traum war geplatzt. Ich war zutiefst traurig, wütend und völlig verwirrt. Ich hatte alles für diesen Mann aufgegeben, meinen Beruf, meine Wohnung, meine Freunde - und es hatte nicht geklappt. Plötzlich hörte ich wundervolle Geigenmusik, und als ich in eine kleine Gasse einbog, stand dort ein Geiger, der seinem Instrument göttliche Töne entlockte.
Wie gebannt setzte ich mich an den Straßenrand und lauschte seiner Musik. Die Tränen liefen mir die Wangen herunter, all der zurückgehaltene Schmerz der Trennung brach sich unaufhaltsam Bahn. Die Töne der Geige schienen mir mitten ins Herz zu gehen. Der Schmerz war so abgrundtief, dass ich das Gefühl hatte, er würde nie mehr aufhören. Ich blieb einfach sitzen und ließ die Tränen laufen. Die Musik war so wunderschön, und plötzlich wusste ich nicht mehr, ob das, was ich gerade erlebte, der tiefste seelische Schmerz oder höchste Exstase war. Der Schmerz und die absolute Glückseligkeit waren nicht mehr voneinander zu trennen. Ich hatte einen unvergesslichen Moment der Einheit, des Ganzseins erlebt.

Jedes System strebt nach Ganzheit. Aus der Aufstellungsarbeit weiß ich, welch gravierende Auswirkungen es auf ein Familiensystem haben kann, wenn ein Mitglied der erweiterten Familie bewusst oder unbewusst ausgeschlossen ist. Noch Generationen später kann ein anderer das Schicksal dieses Ausgeschlossenen übernehmen, und das hindert ihn am eigenen Leben. Auch unser Körper ist ständig bestrebt, Ganzheit, Gesundheit aufrechtzuerhalten oder wieder-

herzustellen. Er strebt Balance an. Bei einer Krankheit arbeiten alle Zellen darauf hin, dass der Körper wieder gesundet.
Ebenso verhält es sich mit unserem inneren System, mit unseren inneren Anteilen. Wenn wir nur aus unseren Hauptstimmen heraus leben und die Gegenseite in den Keller unserer Psyche verbannen, dann ist es, wie wenn wir nur auf einem Bein stehen würden, und auf einem Bein steht es sich bekanntlich sehr wackelig. Solange unser Ich gespalten ist, können wir nicht heil sein. Das, was wir nicht in Besitz nehmen, besitzt letztendlich uns. Es dominiert unser Leben aus dem Untergrund heraus. Doch das Leben ist so gnädig, dass es uns so lange mit unserem Schatten im Außen konfrontiert, bis wir ihn integriert haben. Es will, dass wir ganz sind.

Es geht nicht darum, ein guter Mensch zu werden, denn wer beurteilt, was gut und was schlecht ist? Ein Bewusstes Ich urteilt nicht. Es sieht alle inneren Anteile als gleich wertvoll an. Es weiß beispielsweise, dass Aggression nicht per se schlecht ist, sondern sich in manchen Situationen als sehr hilfreich erweist. Wie die wunderschöne Lotusblume ihre Wurzeln im tiefsten Schlamm hat, so kann unser Licht nur dann voll leuchten, wenn wir unsere Dunkelheit, unseren Schatten annehmen. Und so ist ein Bewusstes Ich der Reiseführer auf dem Weg zur Ganzheit.

Wahlfreiheit

Wenn wir unser Leben von einigen wenigen Hauptstimmen bestimmen lassen, so ist das, wie wenn wir nur auf einem Bein stehen würden, denn die Gegenseite, der Schattenanteil, steht uns nicht zur Verfügung. Wir haben keine Wahlfreiheit, denn wir müssen dem Diktat der Hauptstimmen folgen. Was sie vorgeben, ist oberstes Gebot – und wir hängen wie eine Marionette an den Fäden dieser Hauptstimme.

Nehmen wir einmal an, Sie sind identifiziert mit einer Stimme, die es anderen immer recht machen muss. Die Rechtmacherin will, dass Sie freundlich, hilfsbereit und nett sind. Dafür müssen Sie sehr genau darauf achten, was die Bedürfnisse anderer Menschen sind. Ihre Mitmenschen werden das zu schätzen wissen. Immer wieder erhalten Sie für Ihr Verhalten Anerkennung, was die Rechtmacherin noch stärken wird. Jetzt haben Sie aber einen Kollegen, der das weidlich ausnutzt. Er schiebt Ihnen immer wieder Arbeit zu, die eigentlich nicht zu Ihrem Verantwortungsbereich gehört. Deshalb müssen Sie auch jede Menge Überstunden machen. Langsam wächst in Ihnen der Groll. Doch die Rechtmacherin will nicht zulassen, dass Sie dem Kollegen Grenzen setzen. Eines Tages platzt Ihnen dennoch der Kragen. Sie knallen dem Kollegen Ihre Akten auf den Tisch mit dem Kommentar: »Machen Sie Ihren Scheißdreck doch selbst!« Die »Egoistin« hat zugeschlagen. Daraufhin macht Ihnen die Rechtmacherin massive Schuldvorwürfe, denn die Abgrenzung war völlig überzogen und beleidigend. Also entschuldigen Sie sich bei Ihrem Kollegen und rutschen wieder in Ihr altes Muster. Die Rechtmacherin verstärkt sogar noch Ihre Bemühungen, da Sie Ihrer Meinung nach etwas gutzumachen haben.

Eine Hauptstimme ist immer gefangen in der Ablehnung ihrer Gegenseite – und verschattet sich damit. Meist hat sie in der Kindheit schlechte Erfahrungen damit gemacht, wenn diese Seite zum Vorschein kam. Solange wir aus einer Stimme heraus agieren, gibt es keine wirkliche Veränderung unserer Muster, sondern allenfalls ein

Hin und Her zwischen zwei Stimmen im Kampf um die Vormacht. Nur ein Bewusstes Ich kann frei zwischen zwei Gegensätzen wählen, denn es hat nicht nur Kontakt zur Hauptstimme, sondern auch zur Gegenseite, die ganz andere Bedürfnisse hat. Und wenn ein Bewusstes Ich kommuniziert, kann das Anliegen des Schattenanteils auch angemessen vorgetragen werden. Das Bewusste Ich hat keine Wertung, es weiß, dass jede Stimme Ihre Stärken und Schwächen hat. Je nach Situation greift es völlig frei mal auf die eine, mal auf die andere zurück. Unsere Handlungsspielräume erweitern sich.

Lebendigkeit, Vitalität

Schattenanteile in der Verbannung zu halten, kostet Energie. Wenn Sie sich vorstellen, Sie müssten einen Wasserball permanent unter Wasser drücken, sodass ihn niemand sieht, dann wird klar, dass dies auf die Dauer anstrengend ist. Die Energie, die für die Unterdrückung benötigt wird, fehlt an anderer Stelle.

Jede innere Stimme verfügt über eine ganz bestimmte Energie. Da gibt es sanfte, übermütige, feurige, herzliche, aggressive, mutige, ängstliche und viele andere Energien in uns. Alle zusammen machen unser Ich aus. Doch dieses Ich wird im Laufe unserer Kindheit auf ein sozial verträgliches Maß zurechtgestutzt. Wir werden sozusagen psychisch amputiert. Wenn man beobachtet, wie lebendig und spontan kleine Kinder noch sind, so könnte mancher Erwachsene vor Neid erblassen.

Wenn wir den Schatten in unsere Persönlichkeit integrieren, kommt die Vitalität zu uns zurück. Das Leben ist im Fluss, wir spielen mit den Energien in uns und vergeuden nicht wertvolle Kraft im Kampf gegen bestimmte innere Impulse. Da unser Bewusstes Ich immer mehr lernt, z.B. auch Ablehnung auszuhalten und es nicht jedem recht machen zu müssen, können wir uns frei bewegen. Alles darf sein, Rücksichtnahme ebenso wie Egoismus, Trauer wie auch Freude, Liebe und Hass. Der Wasserball aus dem oben genannten Bild tanzt auf der Wasseroberfläche.

Toleranz und Mitgefühl

Wenn wir den Schatten liebevoll als Teil unseres Selbst annehmen können, so werden wir uns selbst und anderen Menschen gegenüber toleranter. Wir entwickeln tiefes Mitgefühl für unsere Fehler und Schwächen. Sie gehören zu uns und machen uns menschlich. Als Folge davon gibt es immer weniger, was uns im Außen stört. An die Stelle von Verurteilung treten Verständnis und Toleranz.
Solange unsere Mitmenschen nett mit uns umgehen, ist es keine große Kunst, selbst auch umgänglich zu sein. Doch gerade dann, wenn Menschen launisch, aggressiv oder abweisend sind, sind wir aufgefordert, im Bewussten Ich zu bleiben und nicht einfach zu reagieren. Ich hatte einmal einen Nachbarn, der ein sehr unangenehmer Zeitgenosse war. Er mäkelte an allem und jedem herum und hatte meinen Mann und mich als Zielscheibe seiner Aggressionen ausgesucht. Mal ragte ein Zweig zu weit auf sein Grundstück, dann hatten wir das Auto direkt vor seinem Haus geparkt. Immer wieder fand er etwas, wo er meckern konnte. Ich beschloss, einfach nicht auf sein Gezänke einzugehen und so lange nett zu ihm zu sein, bis er gar nicht mehr anders konnte, als friedlich neben uns zu wohnen. Ich grüßte ihn stets freundlich, obwohl er anfangs immer

wegschaute. Wenn ich ihn im Garten sah, hielt ich ganz bewusst am Zaun und bewunderte ihn für seine schönen Rosen. Ich fragte ihn um gärtnerischen Rat. Wenn ich gebacken hatte, brachte ich ihm ein Stück Kuchen. Und ganz allmählich taute er auf. Als wir schließlich wegzogen, drückte er sein Bedauern aus.
Es ist ein wunderbares Gefühl, immer unabhängiger zu werden von den Launen unserer Mitmenschen. Wenn wir uns nicht getrennt von anderen sehen und wissen, dass alles, was uns im Außen begegnet, auch in uns ist, dann werden wir milde und mitfühlend. Was wir in uns selbst liebevoll umfangen, das können wir auch in unseren Mitmenschen verständnisvoll annehmen. Und das ist ein großes Geschenk.

Innerer Frieden – äußerer Frieden

Leiden entsteht durch den Kampf gegen das, was gerade ist. Wenn wir bereit sind, allem zu begegnen, was in uns ist, wenn wir den inneren Kampf aufgeben, dann ist Frieden in unserem Herzen. In der Hingabe an das, was in diesem Moment ist, liegt der Schlüssel zum Glück.
Momentan gibt es circa dreißig Kriege auf unserem Planeten. Jede der Kriegsparteien glaubt sich im Recht, zu den Waffen zu greifen. Wir haben uns an die schrecklichen Bilder gewöhnt und fühlen uns häufig machtlos. Was können wir als Einzelne schon ausrichten, wenn amerikanische Soldaten in Afghanistan einmarschieren?
Der vietnamesische Mönch und Friedensaktivist Thich Nhat Hanh macht deutlich, dass wir nicht getrennt von der Welt leben, und die Welt nicht getrennt von uns existiert. Deshalb, so sagt er in *Innerer*

Friede – Äußerer Friede (Theseus 2001), ist der Frieden in uns eine wesentliche Voraussetzung für den Frieden in der Welt:

> *»Wenn es uns gelingt, unsere inneren Schlachtfelder in Orte des Glücks zu verwandeln, dann ist dies ein wichtiger Beitrag dafür, dass auch die Kriegsschauplätze dieser Welt sich in Orte eines friedlichen Miteinanders wandeln. Echte Friedensarbeit geschieht im Herzen der Menschen an jedem Ort und in jedem Augenblick.«*

Den inneren Bürgerkrieg zu beenden, ist also der erste Schritt zum Frieden in der Welt, in unseren Beziehungen, in der Familie, im Arbeitsumfeld. Stellen wir uns einmal vor, wir müssten auf Kritik nicht mit Gegenkritik reagieren, auf Vorwürfe nicht mit Gegenvorwürfen, auf Angriffe nicht mit Gegenangriffen – die Welt sähe anders aus. Doch das wird uns nur gelingen, wenn wir uns in unserer inneren Zerrissenheit annehmen und lieben. Roshi Bernard Glassman macht deutlich, dass die Wurzel des hebräischen Wortes für »Frieden«, *Schalom*, das Wort *Schalem* ist. Dieses bedeutet so viel wie »ganz machen«. Was also auseinandergerissen, getrennt und verletzt ist, muss zusammengefügt werden. Und Schattenarbeit bedeutet, alles Nichtgeliebte in uns mit Verständnis und Liebe zu umarmen.

Übung: Innere Widerstände aufgeben

Schließen Sie die Augen, und richten Sie für einige Minuten Ihre Aufmerksamkeit nach innen. Atmen Sie mehrmals tief ein und aus. Nehmen Sie dabei wahr, was sich hier und jetzt in Ihnen bewegt:

- Welche Körperempfindungen sind da?
- Welche Gedanken?
- Welche Gefühle?

Beobachten Sie genau, wie Sie auf das, was da gerade ist, reagieren, vor allem dann, wenn das, was Sie wahrnehmen, für Sie unangenehm ist.

- Gibt es einen Widerstand gegen das, was ist?
- Wollen Sie etwas anders haben, als es derzeit ist?
- Sind sie am Hadern oder Kämpfen?
- Gibt es da einen Widerstand gegen den Widerstand?
- Wie fühlt es sich an, wenn Sie gegen das, was ist, kämpfen?

Was auch immer da gerade ist, lassen Sie es jetzt da sein, ohne es weghaben zu wollen, ohne es verändern zu wollen. Gedanken kommen und gehen von alleine, Gefühle kommen und gehen ganz von selbst, Körperempfindungen kommen und gehen wie die Wellen an einem Meeresstrand. Wenn Sie möchten, können Sie mit jedem Ausatmen innerlich »Ja« sagen, Ja zu dem, was ist. Lassen Sie Ihre Widerstände einfach wegschmelzen ... Das Einverstandensein kann sich mehr und mehr in Ihnen ausbreiten. Wie fühlt sich das an?

Reiserouten nach innen: Wie wir Licht ins Dunkel bringen können

Vielleicht ist Ihnen schon einmal aufgefallen, dass der Schatten desto dichter wird, je heller das Licht scheint. An einem sonnigen Hochsommertag ist der Schatten deutlicher als an einem bewölkten Herbsttag. Das Gleiche gilt auch für uns: Wenn wir lichtvoll sind, fällt uns der Schatten umso mehr auf. Doch auch das Umgekehrte trifft zu: Je mehr wir unser Dunkel kennen, desto lichter wird es in uns. Auch unsere Umwelt wird dies bemerken und uns anders wahrnehmen. Sie wird nicht mehr auf unsere unbewussten Schattenanteile reagieren.

Wir müssen ins Dunkel gehen, damit unser Licht leuchten kann. Das eine ist ohne das andere nicht möglich. Die Schnellstraße zur Erleuchtung gibt es nicht. Wenn wir uns den Schatten bewusst machen, wird sein destruktives Potenzial vermindert, und bisher eingesperrte positive Lebensenergie wird freigesetzt. Wenn wir für die Maske, die wir viele Jahre getragen haben, Achtung, Verständnis und Mitgefühl aufbringen und sie für ihre Schutzfunktion wertschätzen, dann kann sie mehr und mehr fallen und die bislang verdrängten Seiten können von einem Bewussten Ich integriert werden.

Dem Schatten zu begegnen, ist kein lockeres Freizeitvergnügen. Es braucht dazu die tiefe Bereitschaft, uns auf den Schattenprozess einzulassen. Wenn es wirklich ans Eingemachte geht, dann kochen unsere Emotionen hoch. Angst, Schmerz und Trauer begleiten die Arbeit mit dem Schatten. Deshalb ist es wichtig, die Gangart unseres Lebens zu verlangsamen, innezuhalten und auf die Signale des Körpers zu achten, uns Zeiten des Alleinseins freizuhalten, in denen wir der Botschaft unserer Schattenanteile nachspüren können. Schattenarbeit ist eine Reise vom Kopf zum Herzen. Der Verstand bewertet, das ist seine Aufgabe. Das Herz liebt. Alles zu lieben, erscheint uns unmöglich. Doch wenn wir wirklich in die Tiefe unseres Herzens tauchen, dann gibt es keine Trennung, keine Abwertung, keine Ablehnung.

Entwickeln Sie Ihren inneren Reiseführer – das Bewusste Ich

Um ins Schattenreich hinabzusteigen, braucht es einen Reiseführer. Zu groß ist die Gefahr, dass wir vom Weg abkommen oder an entscheidenden Stellen umkehren. Auch die Macht der Gewohnheit ist nicht zu unterschätzen. Wenn wir nicht sehr wachsam sind, passiert es schnell, dass wir in die Spurrillen, in Automatismen geraten. Reiseführer kann jemand im Außen sein, ein Therapeut oder Seelsorger, der uns auf dem Weg in die eigenen Untiefen begleitet. Es mag auch eine erfahrene Freundin sein, die mit uns zusammen die Übungen durchführt.
Es gibt jedoch auch einen *inneren* Reiseführer: Unser Bewusstes Ich. Ich habe diesen Begriff im Buch immer wieder aufgeführt und möchte ihn an dieser Stelle nochmals näher erläutern. Wir alle tragen in unserem Kern, in unserer Mitte einen Geisteszustand, der sich durch achtsames Gewahrsein, mitfühlende Verbundenheit und

zuversichtliche Klarheit auszeichnet: das Bewusste Ich (in manchen therapeutischen Schulen auch Selbst genannt). Dieses Bewusste Ich unterscheidet sich klar von den inneren Stimmen, denn es wertet nicht. Es ist der Ort, von dem aus ein Mensch sein Inneres und seine Umwelt urteilsfrei beobachtet und dann aktiv handelt.

Das Bewusste Ich zeichnet sich durch Führungsqualitäten aus:

- Klarheit
- Souveränität
- Neutralität
- Perspektive
- Mitgefühl
- Neugier
- Offenheit
- Vertrauen
- Vision

Nur im Bewussten Ich haben wir Wahlfreiheit. Immer dann, wenn wir in uns eine Wertung entdecken, ist das ein klares Anzeichen dafür, dass wir nicht im Bewussten Ich sind, sondern ein innerer Anteil zu uns spricht. Stimmen sind immer im Negativurteil über ihre Gegenstimmen gefangen. Deshalb kann nur ein Bewusstes Ich den Schatten integrieren.

Das Bewusste Ich ist nicht nur ein weiter, grenzenloser Geisteszustand der Achtsamkeit (ähnlich dem der Meditation), also ein wahrnehmendes Ich, sondern es ist auch ein handelndes, Entscheidungen fällendes Ich. Man könnte es vergleichen mit dem Dirigenten eines Orchesters, der all seine Musiker gut kennt, um ihre

Stärken und Schwächen weiß und sie je nach Musikstück einsetzt. Eine andere Analogie für das Bewusste Ich wäre ein Regisseur, der entscheidet, welche Mitglieder des Ensembles wann und wie auftreten. Das Bewusste Ich kann auch verglichen werden mit dem Trainer einer Fußballmannschaft, der die bestmögliche Zusammensetzung seines Teams festlegt und nicht einen Spieler favorisiert. Und nicht zuletzt ähnelt es einer verständnisvollen, mitfühlenden Mutter, die ihre Kinder liebt und ihre individuellen Qualitäten zu schätzen weiß.

Die Aufgaben des Bewussten Ich sind:

1. Kenntnis der einzelnen Mitglieder der inneren Stimmenfamilie.
2. Klare Führung der Stimmen.
3. Distanz zu übermächtigen Stimmen herstellen und sie in ihre Grenzen weisen.
4. Verdrängte Stimmen integrieren.
5. Sich liebevoll um das Innere Kind kümmern, sodass diese Aufgabe nicht die Hauptstimmen übernehmen müssen.
6. Entscheidungen treffen.

Mit folgenden Fragen kommen Sie in Kontakt mit dem Bewussten Ich:

- Wer sieht, was gerade in mir vorgeht?
- Wer bemerkt, dass eine innere Stimme aktiv ist?

Voice Dialogue erweitert unser Bewusstsein Schritt für Schritt. Je besser wir innere Stimmen kennen, desto freier können wir sie im Alltag nutzen. Im Bewussten Ich treten wir einen Schritt zurück und betrachten unser inneres System aus einer objektiven Perspektive. Hal Stone, der Erfinder der Voice-Dialogue-Methode, hat einmal gesagt, ins Bewusste Ich zu gehen sei wie eine kühle Hand auf eine fiebrige Stirn zu legen. Das Bewusste Ich kann eine Hauptstimme beruhigen, wenn sich ein verdrängter Anteil meldet. Es kann ihr versichern, dass es nicht einfach die Hauptstimme in die Verbannung schickt und der verdrängten Seite Tür und Tor öffnet, sondern dass es Ausgewogenheit zwischen zwei Anteilen möchte. So kann sich die Hauptstimme beruhigen, was wiederum zur Integration des Schattenanteils beiträgt.

Achtsamkeitsübung zur Stärkung des Bewussten Ich

Sorgen Sie dafür, dass Sie für eine halbe Stunde ungestört sind. Setzen Sie sich bequem auf den Boden oder auf einen Stuhl. Die Wirbelsäule ist aufgerichtet, sodass die Energie frei fließen kann.

Schließen Sie jetzt die Augen, und nehmen Sie ein paar tiefe Atemzüge. Rücken Sie sich nochmals zurecht, und lenken Sie Ihre Aufmerksamkeit auf den Atem. Spüren Sie, wie beim Einatmen die leicht gekühlte Luft durch Ihre Nasenlöcher in Ihre Lungen strömt – und wie die Luft beim Ausatmen die Nase wieder leicht erwärmt verlässt. Kommen Sie mit jedem Atemzug mehr und mehr im gegenwärtigen Moment an.

Wenn sich nun innere Stimmen in Form von Gedanken, Gefühlen oder Körperempfindungen melden, lassen Sie diese einfach da sein, ohne sie weghaben oder verändern zu wollen. Nehmen Sie einfach wahr, wer gerade in Ihnen aktiv ist, ohne den Anteil zu bewerten. Vielleicht ist es ein innerer Antreiber, der Ihre Meditation als vergeudete Zeit ansieht und will, dass Sie stattdessen ihre To-do-Liste abarbeiten. Oder das Innere Kind ist quengelig, weil es lieber einen Film im Fernsehen anschauen möchte. Was können Sie dieser Stimme aus einem Bewussten Ich heraus antworten? Es könnte sich auch ein spiritueller Anteil melden, der stolz ist, weil Sie es geschafft haben, Ihre äußeren Aktivitäten hinter sich zu lassen und diese Übung zu machen. Sie bleiben einfach in Ihrer Mitte. Wie ein Fels in der Brandung beobachten Sie, was kommt und geht. Gedanken tauchen auf und gehen, Gefühle erscheinen im Bewusstsein und gehen. Im Körper gibt es Empfindungen. Sie bleiben in der Beobachterposition.

Wenn eine innere Stimme sehr viel Aufmerksamkeit einfordert, können Sie ihr aus einem Bewussten Ich heraus etwas sagen, verständnisvoll und mitfühlend. Vielleicht braucht sie etwas von Ihnen, damit sie sich beruhigen kann. Tauchen Sie immer wieder in die Lücken zwischen dem Erscheinen der Stimmen ein, und genießen Sie die Stille.

Am Ende der Meditation können Sie sich bei all Ihren Stimmen bedanken. Schauen Sie noch einmal voll Freude auf Ihren inneren Reichtum. All das gehört zu Ihnen und macht Sie aus. Dann nehmen Sie einen tiefen Atemzug und öffnen langsam wieder die Augen.

Fantasiereise zum Bewussten Ich

Stellen Sie sich vor, Sie wollen eine Bergwanderung machen. Sie stehen im Tal mit Ihrer ganzen Stimmenfamilie. Da gibt es ängstliche und bedürftige Stimmen, traurige, verzagte, kreative, verspielte, kontrollierende oder angepasste Stimmen, einen Antreiber und Kritiker ... Lassen Sie sich Zeit, um zu schauen, wer alles um Sie herum steht. Schauen Sie Ihre Anteile voll Mitgefühl, Wärme und Verständnis an, wie Sie die Mitglieder Ihrer Familie anschauen würden.

Bitten Sie nun Ihre Stimmen unten im Tal zu bleiben, damit nur Ihr Bewusstes Ich den Berg hochsteigen kann. Und so verabschieden Sie sich von den einzelnen Stimmen und gehen los. Wahrscheinlich gibt es einige Stimmen, die das Gefühl haben, Sie noch ein Stück des Weges begleiten zu müssen, damit Sie sicher sind. Wer ist das? Halten Sie immer wieder inne, um eine Stimme darum zu bitten, zurückzubleiben. Wenn sie dies nicht tut, fragen Sie, wovor sie Angst hat, wenn sie Sie allein gehen lässt ... Versichern Sie ihr, dass Sie genug Führungsqualitäten und Ressourcen haben, um auf sich aufzupassen.

Je mehr Stimmen Sie zurücklassen, desto leichter, unbeschwerter und ruhiger fühlen Sie sich. Sie sind in Ihrer Mitte, der Atem fließt frei, Sie sind selbstbewusst und offenen Herzens. Je höher Sie steigen, desto freier fühlen Sie sich, verbunden mit allem, verwurzelt im Hier und Jetzt.

Wenn Sie auf dem Gipfel angekommen sind, lassen Sie sich an einem Platz nieder, von dem aus Sie nach unten zu Ihren Stimmen schauen können, voller Wärme und Mitgefühl. Sie versprechen ihnen, ab jetzt die Führung zu über-

nehmen und dafür zu sorgen, dass jede Stimme ihren Platz bekommt, von alten Lasten befreit wird und die Aufgabe bekommt, die ihr entspricht. Bedanken Sie sich bei Ihren Stimmen für das, was sie bisher für Sie getan haben, dass sie für einen Moment im Tal zurückgeblieben sind und Ihnen damit ermöglicht haben, Ihr Bewusstes Ich voll und ganz zu erleben.
Dann kehren Sie mit Ihrer Aufmerksamkeit wieder voll und ganz in den gegenwärtigen Augenblick zurück.

Achtung vor dem Inneren Kritiker

Der Innere Kritiker ist zu einem großen Teil dafür verantwortlich, dass wir bestimmte Seiten von uns wegsperren und möglichst angepasst durchs Leben gehen. Er hasst unsere Schattenanteile wie der Teufel das Weihwasser. Für ihn gibt es nichts Schrecklicheres und Gefährlicheres, als wenn unsere Schattenseiten ans Licht kommen. Selbst wenn wir nur darüber nachdenken, sie mehr zu leben, interveniert er machtvoll und findet gute Gründe dafür, dass Sie es lieber nicht tun. Er fürchtet, dass wir Schwierigkeiten kriegen und nicht mehr geliebt werden, wenn Verdrängtes ans Licht kommt. So kann er unsere persönliche Entwicklung völlig stoppen, jegliches Wachstum und alle Kreativität verhindern und uns den Mut für Veränderungen rauben. Darüber hinaus ist er meist verantwortlich für unsere Scham- und Schuldgefühle.
Der Innere Kritiker ist ein sogenanntes Täterintrojekt, das heißt, er ist sozusagen die Verinnerlichung von Gedanken, Gefühlen und Verhaltensweisen von kritischen Bezugspersonen unserer Kindheit.

Die Traumatherapeutin Luise Reddemann schreibt in *Psychodynamisch imaginative Traumatherapie* (Pfeiffer 2004):

> *»Täterintrojektion ist ein Schutzvorgang, der während traumatischer Situationen hilft, sich vor überwältigender Ohnmacht zu schützen. Lebt der Täter im Selbst, ist die Tat richtig, und damit gibt es quasi keine Ohnmacht.«*

Der Innere Kritiker kann uns jeglichen Selbstwert rauben und zu einem »Killerkritiker« werden, der Menschen in den Selbstmord treibt. Deshalb ist große Vorsicht geboten, wenn wir uns auf die Reise ins Schattenreich begeben. Er will, dass Verdrängtes auch verdrängt bleibt. Dabei hat er kein Problem damit, völlig widersprüchliche Verhaltensweisen zu kritisieren. Vielleicht ist ihm Ihr bisheriges Verhalten ein Dorn im Auge, doch wenn Sie all Ihren Mut zusammennehmen und das Gegenteil tun, so empört er sich darüber. So kann er Ihnen beispielsweise einerseits vorwerfen, dass Sie feige sind und Ihrem Chef nicht die Meinung sagen, tun Sie es dann, so greift er Sie an, weil Sie zu wenig diplomatisch vorgegangen sind.
Wenn Sie Bücher wie dieses lesen, sitzt der Kritiker immer dabei und hört aufmerksam zu. Vielleicht hält er Ihnen vor, dass Sie Ihren Schatten noch immer nicht integriert haben und sich vor anstehenden Schritten fürchten. Vielleicht bezeichnet er Sie als Feigling oder Versagerin, oder er verhöhnt Sie: »Das schaffst du nie!« Und wenn Sie dann beginnen, verdrängte Seiten mehr zu leben, steht er wieder an Ihrer Seite und beäugt das Ganze misstrauisch. Der Versuch, es einem Kritiker recht zu machen, wird immer kläglich scheitern. Er will, dass wir seinen Anweisungen Folge leisten, doch

wenn wir es tun, verachtet er uns dafür, hält uns für schwach und kritisiert uns noch mehr.

Doch so negativ die Auswirkungen eines Kritikers sein mögen, eigentlich hat er eine positive Absicht: Er will uns vor Kritik im Außen schützen, indem er uns kritisiert, bevor es andere tun. Er hofft, dass wir uns seiner Kritik beugen und uns dann die Kritik anderer Menschen erspart bleibt. Dabei ist ihm kein Mittel zu schade: Er vergleicht uns zu unseren Ungunsten mit anderen, betet uns Fehler bis in alle Ewigkeit vor und lässt alles an uns hässlich oder unzulänglich erscheinen. Häufig nehmen wir ihn nicht bewusst wahr, sondern spüren nur seine negativen Auswirkungen: Minderwertigkeitsgefühle, Versagensängste, Depression oder Niedergeschlagenheit. Da er uns sehr anfällig für die Kritik anderer Menschen macht, verstärkt er die Abhängigkeit von positiven Reaktionen unserer Umwelt. Er sorgt dafür, dass wir uns übertrieben anpassen und hält uns das gleichzeitig vor.

Wenn uns jemand vorwirft, wir seien egoistisch, so kann uns der Vorwurf nur dann treffen, wenn es in uns einen Kritiker gibt, der sagt: »Ja, genau, du bist wirklich ein Egoist! Warum kannst du nicht einfach nachgeben?« Ohne den Inneren Kritiker würde die Kritik an uns abprallen. Vielleicht könnten wir sogar herzhaft darüber lachen. Wäre für uns selbst Egoismus nichts Negatives, so würden wie dazu stehen und könnten ganz gelassen sagen: »Ja, manchmal bin ich egoistisch!« Byron Katie und Michael Katz schreiben dazu in *Ich brauche deine Liebe – stimmt das?* (Arkana 2005):

> *»Verletzte Gefühle oder irgendeine Art von Unbehagen können nicht von einer anderen Person verursacht werden. Kein Außenstehender kann mich verletzen. Das ist nicht möglich. Ich wer-*

de nur verletzt, wenn ich einen verletzenden Gedanken glaube. Und ich bin diejenige, die sich verletzt, wenn ich glaube, was ich denke.«
Und das sei eine wirklich gute Nachricht, weil es bedeute, dass man niemand anderen brauche, um die Verletzungen zu beenden – es stehe ganz in der eigenen Macht.

Wenn wir Aggressionen nicht nach außen richten können, weil das nicht zu unserem Selbstbild passt, richten sie sich gegen uns selbst in Form eines attackierenden Inneren Kritikers, der uns niedermacht und uns als Schwächlinge bezeichnet. Ich habe schon oft erlebt, dass jemand in der Therapie hilflos vor mir saß und mir kaum hörbar von seinen Schwierigkeiten berichtete. Als der Klient dann an den Platz des Kritikers ging, war plötzlich eine Kraft spürbar, die den Klienten selbst überraschte. Die Stimme wurde plötzlich laut und gehässig, die Körperhaltung majestätisch und keinen Widerspruch duldend. Dieser Kritiker berichtete mir dann, dass er dieses Häufchen Elend (den Klienten) verachte, und sagte, ohne ihn, den Kritiker, wäre der Klient völlig verloren. Er würde eben eine starke Hand brauchen. Der Kritiker spürt sehr deutlich die Angst des Inneren Kindes, zu versagen und nicht geliebt zu werden. Deshalb ist eine Kritikerattacke nichts anderes als ein Hilfeschrei: »Ich habe Angst um dich!« In dieser Situation ist dringend ein Bewusstes Ich nötig, das den Kritiker beruhigt, ihn in seine Schranken weist und sich gleichzeitig des Inneren Kindes annimmt.
Wenn Sie sich also wertlos oder schuldig fühlen, schauen Sie nicht auf Ihre deprimierenden Gefühle sondern auf den Verursacher des Gefühls, den Inneren Kritiker. Machen Sie sich bewusst, dass es der Kritiker ist, der Ihnen selbstkritische Gedanken schickt. Sie kön-

nen die Identifikation mit ihm sofort lösen, wenn Sie sagen: »Mein Kritiker ist der Meinung, dass ich zu blöd bin«, statt zu sagen: »Ich bin zu blöd«. Fragen Sie ihn, warum er so heftig reagiert und wovor er Angst hat. Bringen Sie ihm bei, wie man konstruktiv Kritik übt, statt seine Pauschalurteile über sich ergehen zu lassen. Erklären Sie ihm, warum es für Sie wichtig ist, Schattenanteile zu integrieren und welchen Nutzen Sie sich davon versprechen. Und manchmal braucht der Kritiker einfach ein klares Wort: »Stopp! Höre auf damit! Ich lasse nicht mehr zu, dass du mich niedermachst.« Wenn der Kritiker merkt, dass ein Bewusstes Ich klar in die Führung geht, dann lassen seine heftigen Attacken nach. So kann er ein wertvoller Berater werden, der uns Verbesserungsvorschläge macht statt uns mit vernichtender Kritik zu piesacken.

Übung: Den Inneren Kritiker erkennen

Was hat der Kritiker an mir auszusetzen?

- an meinem Körper?

____

____

____

- an mir als Mann/Frau?

____

____

____

- an mir als Beziehungspartner/-partnerin?

____

____

____

- an mir als Mutter/Vater?

____

____

____

- an mir während der Arbeit?

____

____

____

Übung: Konstruktive Kritik

Wir (das Bewusste Ich) müssen dem Kritiker klarmachen, dass niederschmetternde Kritik das Innere Kind massiv verletzt und unter Druck setzt und somit den Zielen des Kritikers wenig dienlich ist. Deshalb sollte wir ihn mit einem klaren »Stopp« bremsen und ihm Vorschläge unterbreiten, wie er konstruktive Kritik üben kann. Hier sind sie:

1. Der Ton macht die Musik! Bringe deine Kritik schonend, nicht verletzend vor.
2. Erzähle mir von deiner tiefer liegenden Sorge. Was befürchtest du?
3. Was würde deiner Meinung nach passieren, wenn ich deiner Kritik nicht folge?
4. Du kannst mein aktuell beobachtetes Fehlverhalten kritisieren, aber nicht meine gesamte Person.
5. Begründe deine Kritik.
6. Halte dich an Fakten, statt dich von Gerüchten und Vermutungen leiten zu lassen.
7. Ich will nicht immer wieder Altlasten vorgebetet kriegen, vermeide wiederholte Kritik.
8. Ich will nicht mit anderen verglichen werden.
9. Biete mir Alternativen und kreative Lösungen an. »Ich schlage dir vor ...«

Das Bewusste Ich sollte:

- klar in die Führung gehen, den Kritiker in seine Grenzen verweisen,
- auf Gegenangriffe verzichten,
- nicht den Kritiker kritisieren,
- sich nicht rechtfertigen,
- Verständnis für die tiefer liegende Angst des Kritikers zeigen,
- die Realität überprüfen,
- Lösungsvorschläge anbieten.

Übung: Eindruck schinden

Stellen Sie sich vor, Sie haben eine wichtige Verabredung, ein Vorstellungsgespräch oder eine Verabredung mit einem Mann/einer Frau, den/die Sie für sich gewinnen wollen. Was ziehen Sie an? Stellen Sie sich vor, wie Sie alle Kleidungsstücke vom Mantel bis zur Unterwäsche auf Ihrem Bett zurechtlegen. Und während Sie ein Kleidungsstück nach dem anderen auswählen und anziehen, können Sie sich die folgenden Fragen stellen:

Was will ich mit diesem Kleid, dieser Hose erreichen?
Welchen Eindruck soll der andere von mir haben?

Ich will, dass der andere denkt, dass

____

____

____

Was will ich mit bestimmten Kleidungsstücken verdecken, kaschieren?

____

____

____

Was soll der andere auf keinen Fall von mir denken?
Wann würde sich der Innere Kritiker melden?
Was tue ich, um keinen falschen Eindruck zu erwecken?

___

___

___

___

Was könnte schlimmstenfalls passieren, wenn meine Bemühungen keine Wirkung zeigen?

___

___

___

Achtsamkeit – der Schlüssel zur Entdeckung des Schattens

Schattenarbeit braucht Zeit und Raum

Den Schatten zu integrieren, ist ein tief greifender, lebenslanger Prozess. Das sollte Sie jedoch nicht entmutigen. Jeder noch so kleine Schritt, lange Verdrängtes anzunehmen, ist ein Schritt in Richtung Freiheit. Achtsamkeit ist auf dieser Reise von großer Bedeutung. Nur wenn wir den Schatten sehen können, wenn er uns bewusst ist, können wir etwas verändern.

In unserem Alltag agieren wir meist aus Rollen heraus, die uns bestimmte innere Anteile zuweisen. Wir sind nett und freundlich, fleißig oder zielstrebig. Irgendwann einmal waren diese Rollen wichtig, um möglichst stressfrei durchs Leben zu kommen und uns die Wertschätzung unserer Mitmenschen zu sichern. Je öfter sie gut funktioniert und ihren Zweck erfüllt haben, desto schneller wurden sie zu Automatismen, die wir irgendwann nicht mehr bemerkten. Wir sagen heute vielleicht: »So bin ich halt«, oder: »Es ist doch ganz normal, sich so zu verhalten.« Achtsamkeit kann unsere Automatismen unterbrechen.

Was bedeutet Achtsamkeit eigentlich? Nun, Achtsamkeit bedeutet, sich dessen bewusst zu sein, was im Inneren und im Außen gerade passiert:

- Welche Gedanken habe ich gerade?
- Aus welcher Quelle (welcher inneren Stimme) werden diese Gedanken gespeist?
- Welche Auswirkung haben diese Gedanken auf meine Gefühle?
- Was fühle ich gerade?
- Welche Einstellung habe ich zu meinen Gefühlen?
- Kann ich sie annehmen, oder will ich sie möglichst schnell loswerden?
- Wie wirken sich meine Gedanken und meine Gefühle auf meinen Körper aus?
- Wo im Körper sind Anspannungen, Blockaden? Wo halte ich fest?

Achtsamkeit bedeutet auch, dass ich das, was gerade in mir und im Außen passiert, gelassen und ohne es zu bewerten, betrachten kann:

- Bin ich gerade am Urteilen?
- Welche Auswirkungen haben meine Urteile auf mich selbst und auf andere Menschen?
- Will ich irgendetwas erreichen?
- Halte ich an etwas fest, oder kann ich es loslassen?
- Tue ich die Dinge, die anstehen, bewusst, oder bin ich mit meinen Gedanken ganz woanders?

Achtsamkeit darf keinesfalls verwechselt werden mit kritischer Selbstkontrolle. Sie meint viel eher das liebevolle Wahr- und Annehmen dessen, was gerade in uns und um uns herum geschieht. Das fällt uns in der Hektik des Alltags manchmal schwer, doch wenn es uns gelingt, mitten im Trubel achtsam zu sein, dann erhält unser Leben eine ganz neue Qualität. So kann das Trinken einer Tasse Tee oder das Essen einer Rosine zu einer wunderbaren Erfahrung werden. Und selbst das Abspülen kann ein sinnliches Erlebnis sein.

Stiller Geist

Wenn der Geist still ist, treten wir ein in das Reich des ungeteilten Selbst. Erst dann wird Heilung möglich. Normalerweise folgt unsere Aufmerksamkeit unseren Gedanken, die wie eine Affenherde wild hin und her sausen. Und wir rennen verzweifelt hinterher in der Hoffnung, die Affen mögen sich doch beruhigen. Der Verstand ist für viele praktische Lebensaufgaben ein hilfreiches Werkzeug. Doch wenn er der Herr und wir die Sklaven sind, dann sind wir verloren. Wir haben immer eine Wahl: Wollen wir den Gedanken Glauben schenken und uns mit ihnen identifizieren, oder betrachten wir sie als das, was sie sind, nämlich einfach Gedanken? Sind

wir in Verbindung mit dem, was größer ist als die Gedanken, mit dem, der dies alles erfährt?
Der stille Geist ist nicht etwa stumpf und unlebendig. Aus ihm heraus kann ungeheuer Kreatives entstehen. Unser Blick ist klar für das Wesentliche im Leben. Der stille Geist klebt nicht an vorgefertigten Meinungen und Urteilen. Er ist offen, alles anzunehmen, was im Geist erscheint. Alles darf sein.

Offenes Herz

Vor vielen Jahren nahm ich an einem Workshop teil, auf dem wir eine Partnerübung machten, die ich nie vergessen werde. Zwei Teilnehmer saßen sich gegenüber, der eine machte eine Faust, und der andere sollte auf irgendeine Art und Weise versuchen, diese Faust zu öffnen. Ich nahm also die Hand meines Gegenübers und versuchte, mit meiner ganzen Kraft die Finger zu öffnen. Es gelang mir nicht. Je mehr ich zog und zerrte, desto mehr verschloss sich die Faust meines Partners.
Dann wurde gewechselt. Ich streckte meine Faust zu meinem Übungspartner. Zu meinem Erstaunen nahm er sie, legte sie ganz zart in seine Hände und hielt sie einfach. Ich war irritiert. Er sollte doch meine Faust öffnen, doch mein Partner tat gar nichts. Und wie von Zauberhand öffnete sich nach ein oder zwei Minuten meine Faust von ganz allein, denn es erschien mir bei so viel Verständnis widersinnig, meine Finger länger krampfhaft geschlossen zu halten. Ich war erschüttert. Nie wäre mir diese Idee gekommen.
Plötzlich rannen mir die Tränen herunter. Mit wurde bewusst, dass diese Übung ein Spiegelbild des Umgangs mit mir selbst und anderen war. Ich war oft hart und unerbittlich mit meinen eigenen

Schwächen und Fehlern gewesen. Ich hatte es nicht anders gelernt. Noch nie zuvor war jemand so geduldig und liebevoll mit mir umgegangen. Es berührte mich zutiefst, dass ich nicht im Traum an die Möglichkeit gedacht hatte, einfach nur da zu sein für diese verschlossene Faust, nichts zu tun und geduldig zu warten, bis sie sich von selbst öffnete. Ich war auch meist ungeduldig und überheblich mit den Schwächen meiner Beziehungspartner umgegangen. Sie sollten sich verändern, hier und jetzt. Dabei investierte ich jede Menge Energie, um ihnen begreiflich zu machen, was sie und warum sie sich verändern sollten. Natürlich waren diese Versuche zum Scheitern verurteilt.

Unser Verstand ist ein Macher. Er will die Kontrolle haben, das Herz kann die Dinge so lassen, wie sie sind. Es weiß, dass das Gras nicht schneller wächst, wenn man daran zieht. Es kann sich mitfühlend dem gegenwärtigen Moment öffnen, mit allem was da an Gefühlen ist: Angst, Trauer, Wut, Verzweiflung oder Hoffnungslosigkeit. Nur das Herz kann uns in Verbindung bringen mit dem tiefen Frieden des Seins. Dazu brauchen wir nicht irgendwohin zu reisen, der Friede ist in uns, in jedem Moment. Selbst in tiefster Verzweiflung und Angst ist im Zentrum dieser Verzweiflung und Angst Frieden. Er ist immer da, wenn wir nicht gegen das kämpfen, was gerade ist. Das Bewusste Ich ist in Kontakt mit dem Verstand, aber es lässt sich nicht von ihm tyrannisieren. Doch es hat vor allem Verbindung zum Herzen und seinem tiefen Annehmen dessen, was ist. Das Herz schaut voll Verständnis und Mitgefühl auf den Schatten, wohl wissend, dass es oft überlebenswichtig war, ihn zu verdrängen. Es weiß auch, dass in diesem Abgelehnten ein Geschenk verborgen ist, das unser Leben immens bereichern kann. Nichts ist per se nur schlecht oder gut. Alles trägt seinen Gegenpol in sich.

Dawna Markova schreibt in *Die Versöhnung mit dem inneren Feind* (Junfermann 1997):

> *»Zwischen Resignation und Rebellion, Überdruss und Angst liegt der gegenwärtige Moment, der darauf wartet, dass man sich ihm öffnet. Er ist der einzige Ort, wo Liebe und Lernen möglich sind. Ihn zu verlieren ist menschlich. Ihn zu finden ist göttlich.«*

Einfach zu atmen, kann eine Quelle des Friedens und der Freude sein. Dazu eine kleine Übung.

Herz-Meditation

Setzen oder legen Sie sich in eine bequeme Position, die sich gut für Sie anfühlt. Sie können die Augen sanft schließen oder, wenn Ihnen dies lieber ist, die Augen leicht geöffnet halten, ohne etwas Bestimmtes zu fixieren. Lenken Sie nun die Aufmerksamkeit auf Ihren Atem. Sie können beobachten, wie der Atem durch die Nase einströmt, Ihre Lungen füllt und das Zwerchfell nach unten drückt und beim Ausatmen wieder durch die Nase ausströmt.

Nach einer Weile richten Sie Ihre Aufmerksamkeit auf Ihr Herz. Ist es offen oder geschlossen? Schlägt es ruhig oder aufgeregt? Wie fühlt es sich an? Nehmen Sie sich Zeit, zu fühlen, wie es Ihrem Herzen geht.

Stellen Sie sich vor, wie mit jedem Ausatmen Ihr Herz weiter wird, wie wenn eine Öffnung vorn in Ihrem Brustkorb wäre, die mit jedem Atemzug größer und größer wird. Lassen Sie nun mit jedem Ausatmen Liebe aus Ihrem Herzen strömen. Dieser Liebesstrom kann Sie mehr und mehr einhüllen, bis Sie ganz von Liebe umgeben sind. Sie können diesen Liebesstrom aus Ihrem Herzen überall dort hinschicken, wo Sie sich bisher abgelehnt haben: Zu bestimmten Körperteilen, zu abgelehnten Gefühlen, zu negativen Gedanken, zu unliebsamen Verhaltensweisen ... Was geschieht in Ihnen, wenn Sie das tun? Gibt es etwas, das Sie nicht lieben können? Was sind die Auswirkungen Ihrer Ablehnung? Was würde geschehen, wenn Sie es doch annehmen könnten?

Und nun können Sie diesen Liebesstrom in die Welt hinausströmen lassen, zu unliebsamen Nachbarn, schwierigen Kindern, zu Ihrem Partner, Ihren Eltern, Ihren Geschwistern ... und weiter zu anderen Menschen, die Sie bisher abgelehnt haben, zu korrupten Politikern, despotischen Machthabern, gierigen Finanzhaien ... Jeder von ihnen ist einfach ein Mensch, der geliebt werden will. Was geschieht, wenn Sie all diese Personen in ihrem Sosein annehmen, ohne sie zu bewerten, ohne sie verändern zu wollen? Vielleicht spüren Sie einen tiefen Frieden in sich, eine Leichtigkeit oder etwas anderes. Vielleicht gelingt es Ihnen nicht, die Ablehnung aufzugeben. Dann hüllen Sie einfach Ihre ablehnende Haltung mit Ihrem Liebesstrom ein. Was auch immer gerade da ist, darf da sein, ist in Ordnung ...

Und dann, ganz allmählich, können Sie zurückkehren von Ihrer Herzreise. Sie nehmen einen tiefen Atemzug, öffnen behutsam die Augen und kehren ins Hier und Jetzt zurück.

Zentrierung

Als Kinder war für uns das Zentrieren eine ganz natürliche Sache. Wir konnten uns stundenlang in eine Sache vertiefen und dabei alles um uns herum vergessen. Deshalb ist das Zentrieren auch jetzt nicht Schwieriges, was wir erst lernen müssten. Wir müssen uns nur daran erinnern.

Nur aus einem stabilen Zentrum heraus können wir uns dem Schatten stellen. Wenn unsere Energie zerstreut ist und der Geist ruhelos umherwandert, werden wir auf unserer Reise nach innen nicht weit kommen. Doch wenn sich unsere gesamte Energie in einem Punkt in unserem Bauch verdichtet, so fühlt sich das an, wie wenn wir nach Hause kommen würden. Wir fühlen uns in unserer Mitte. Diese Mitte ist nicht statisch, wir verlieren sie immer wieder – um sie dann neu zu finden. Wie wir bei jedem Schritt immer wieder das Gleichgewicht verlieren müssen, um voranzuschreiten, so geraten wir auch immer wieder aus unserem Zentrum – um es schließlich wiederzuentdecken. Meine Tante Paula war viele Jahre Meditations- und Qi-Gong-Lehrerin. Noch mit fünfundachtzig Jahren konnte sie ihre Energie so im Hara zentrieren, dass niemand sie umwerfen konnte. Wenn wir einen guten Stand haben und unsere Wurzeln an die Kraftquelle in unserer Körpermitte angeschlossen sind, kann uns nichts und niemand aus dem Gleichgewicht bringen. Wir sind ganz ruhig, gelassen und gleichzeitig handlungsfähig. Unser Körper hat seine eigene Weisheit. Doch häufig sind wir mit ihm und unseren Sinnen nicht mehr in Verbindung. Vielleicht hatten wir ein traumatisches Erlebnis, das unsere Gefühle betäubt hat. Vielleicht leben wir so kopfgesteuert, dass wir nicht mehr mit unseren Gefühlen in Kontakt sind. Oder aber unsere Aufmerksamkeit ist so sehr im Außen, weil wir permanent damit beschäftigt sind, die

Bedürfnisse anderer zu erfüllen. Vielleicht lenken wir uns mit Fernseher, Computer oder anderen Dingen so sehr ab, dass wir uns selbst nicht mehr spüren. Wir sind stolz auf unsere Multitasking-Fähigkeiten, aber sind sie wirklich erstrebenswert? Frank Schirrmacher nennt Multitasking in seinem Buch *Payback* (Blessing 2009) Körperverletzung. In Wirklichkeit bedeutet Multitasking ständige Ablenkung, mich nicht voll und ganz einer Sache widmen können.

Dazu gibt es eine wunderbare Geschichte: Ein Meister der Meditation wurde einmal gefragt, warum er trotz seiner vielen Beschäftigungen immer so gesammelt sein könne.

Er antwortete:
»Wenn ich gehe, dann gehe ich,
wenn ich stehe, dann stehe ich,
wenn ich sitze, dann sitze ich,
wenn ich esse, dann esse ich ...«

Die Leute waren erstaunt und sagten:
»Das tun wir doch auch.
Aber was machst du noch darüber hinaus?«

Er sagte wiederum:
»Wenn ich gehe, dann gehe ich,
wenn ich stehe, dann stehe ich,
wenn ich sitze, dann sitze ich,
wenn ich esse, dann esse ich ...«

Wieder sagten die Leute:
»Das tun wir doch auch.«

Er aber sagte zu ihnen:
»Nein,
wenn ihr sitzt, dann steht ihr schon,
wenn ihr steht, dann lauft ihr schon,
wenn ihr lauft, dann seid ihr schon am Ziel ...«

Die Möglichkeiten, aus unserem Zentrum zu geraten, sind vielfältig. Wann haben Sie das letzte Mal nichts getan, ohne einzuschlafen? Wann sind Sie zum letzten Mal einfach nur still dagesessen und haben die Bewegung Ihres Atems und Ihre Mitte gespürt, den Geräuschen in Ihrer Umgebung gelauscht? Wann haben Sie ein unangenehmes Gefühl nicht einfach abgetötet, sondern haben sich ihm liebevoll zugewandt?

Wir können uns in jedem Moment wieder an die universelle Quelle anschließen. Vielleicht erinnern Sie sich für einen Moment an eine Situation in der Vergangenheit, in der Sie sich voll in Ihrem Zentrum, voll ruhiger Kraft gefühlt haben. Wann war das? Spüren Sie für einige Augenblicke dieser Situation nach ... Wie haben Sie diese ruhige Kraft wieder verloren? Haben Sie vielleicht Ihren Atem angehalten oder an irgendetwas Unangenehmes gedacht? Haben Sie bestimmte Dinge zu sich selbst gesagt, die Sie wieder aus Ihrer Mitte gebracht haben? Haben Sie Ihr Zentrum nach außen verlegt, indem Sie sich gefragt haben, was andere Leute denken oder was Sie noch für andere tun müssen? Jeder Mensch hat seine ihm eigene Art und Weise, aus seiner Mitte zu geraten. Er hat aber auch seine eigene Art und Weise, seine Mitte wiederzufinden. Der eine macht vielleicht Tai Chi oder Qi Gong, der andere malt, der Dritte geht in die Natur und ein Vierter meditiert. Was hilft Ihnen, wieder in Ihr Zentrum zu kommen?

Voice Dialogue: Das Gespräch mit Ihren Schattenanteilen suchen

Eine der wirkungsvollsten Methoden, den Kontakt zu Ihren Schattenanteilen herzustellen und sie lebendig werden zu lassen, ist Voice Dialogue. Bei dieser Methode sprechen wir nicht nur *über* unsere inneren Anteile, sondern wir lassen sie selbst sprechen, finden heraus, warum sie in die Verbannung geraten sind und wie sie unser Leben bereichern können. Wenn sich Schattenanteile gesehen fühlen und Wertschätzung erhalten, dann erwachen sie zu neuem Leben, nicht in ihrer destruktiven Form, sondern als Bereicherung für unsere Persönlichkeit.

Bei der Schattenarbeit mit Voice Dialogue ist es enorm wichtig, dass ein starkes Bewusstes Ich da ist, das die Schattenanteile halten, führen und sich klar von den Hauptstimmen abheben kann. Diese waren schließlich für die Verdrängung verantwortlich. Besonders dann, wenn bisher massiv unterdrückte instinkthafte Energien ans Tageslicht drängen, muss sichergestellt sein, dass Sie über genügend Distanz und Führungskompetenz verfügen, um mit den Schattenanteilen gut umgehen zu können. Wenn sich beispielsweise bei einem schüchternen, zurückhaltenden Menschen plötzlich eine massive Wut zeigt, braucht es eine innere Instanz, die mit der Wut umzugehen weiß, statt sie zügellos nach außen zu richten. Denn wenn die Wut im Außen großen Schaden anrichtet, wird es nicht lange dauern, bis die Hauptstimmen massive Schuldvorwürfe machen und die Wut wieder zum Schweigen bringen. Deshalb ist es sinnvoll, sich anfangs einen erfahrenen Begleiter zu suchen, der mit der Voice-Dialogue-Methode vertraut ist.

Anna kam ursprünglich zu mir in Therapie, weil sie unter einem starken inneren Antreiber litt. Er zeigte sich als Domina mit einer Peitsche, deren Aufgabe es war, Anna immer in Trab zu halten, damit sie nicht die Gefühle ihres verlassenen Inneren Kindes spürte. Wir arbeiteten zunächst mit der Domina, die erzählte, dass sie ihr Handwerkszeug bei Annas Mutter gelernt hatte, die Anna immer gnadenlos angetrieben hatte. Die Domina verwandelte sich im Laufe der Sitzungen in eine unterstützende Impulsgeberin.

Anna brannte schließlich darauf, ihr Inneres Kind kennenzulernen. Sie war sehr motiviert zu erfahren, wie es dem Kind ging. Ihre Verletzlichkeit hatte sie nie gespürt. Ich bat sie zunächst, genau zu prüfen, ob es jemanden in ihr gäbe, der etwas dagegen hätte, wenn sie mit dem Inneren Kind in Kontakt träte. Und tatsächlich zeigte sich ein Anteil, dem das ganze Unterfangen gar nicht geheuer war. Er erschien als eine Wand zwischen ihr und dem Kind, die nicht wollte, dass sich das Kind zeigte. Die Wand wurde von mir als wichtiger Helfer begrüßt, der das Kind schützen wollte, und nach einer Weile öffnete die Wand schließlich eine Tür, sodass Anna auf den Platz des verlassenen Kindes gehen konnte. Doch dort geschah nicht viel. Die Gefühle waren abgeschnitten.

Plötzlich kam aus dem Nichts eine Stimme, die wie ein riesiger Wächter vor der Höhle stand, in der das Innere Kind

saß. Wir sprachen mit dem Wächter. Seine Aufgabe bestand darin, dafür zu sorgen, dass niemand in die Höhle ging und dass das Kind nicht aus der Höhle herauskam. Das sei viel zu gefährlich, sagte er. Der Wächter hatte nie über seine Mission nachgedacht und einfach seinen Job gemacht. Er sagte, er habe strikte Anweisung von seinem Auftraggeber, einer grauen Eminenz, die die Fäden in der Hand halte. Diese graue Eminenz war ein Schattenanteil von Anna, der ihr nie bewusst gewesen war. Sie hatte sich nur immer gewundert, dass sie schon so viele Jahre an sich gearbeitet hatte, und nicht wirklich eine Veränderung passiert war.
Der therapeutische Prozess mit Anna gestaltete sich wie ein Krimi. Die graue Eminenz war sehr besorgt, Anna könne durch die Arbeit zu verletzlich werden und ihr Leben nicht mehr meistern. Außerdem wollte sie finanzielle Sicherheit für das Kind. Anna solle erst lernen, Grenzen zu setzen und sich Zeit gönnen, in der das Kind einfach da sein könne. Anna setzte bereitwillig die Vorschläge der grauen Eminenz um und plante in ihrem Tagesablauf verbindlich ein halbe Stunde ein, in der sie den Bedürfnissen des verletzten, gedemütigten Inneren Kindes lauschte. Ganz allmählich wurde so der Weg zu ihrem Inneren Kind frei.

Ganz anders verlief der Therapieprozess bei Astrid. Sie war jemand, den man eine »gute Seele« nennen könnte. Stets gut gelaunt und freundlich war sie sofort zur Stelle, wenn es jemandem in ihrem Umfeld schlecht ging. Astrid schien über unerschöpfliche Kräfte zu verfügen. Sie war Mutter von drei Kindern, überaus fleißig und effizient in ihrem Beruf und ehrenamtlich in mehreren Organisationen tätig. Besonders wichtig war ihr der spirituelle Weg. Sie gehörte einer buddhistischen Gemeinschaft an, die sich auch sozial engagierte. Astrid war niemand, der Therapie brauchte. Mit Voice Dialogue wollte sie einfach ihr Inneres tiefer erforschen und darüber hinaus die Methode näher kennenlernen, um eventuell bei mir die Ausbildung in Voice Dialogue zu machen.

Umso erstaunter war sie, als sich eines Tages in einer Sitzung ein Schattenanteil meldete, den sie die »Leck-mich-am-Arsch«-Stimme nannte. Diese Stimme stand direkt vor dem Inneren Kind und war sehr aufgebracht darüber, dass Astrid so verständnisvoll und liebevoll mit anderen Menschen umging, während sie ihr Inneres Kind schutzlos den Übergriffen anderer Menschen auslieferte. Die »Leck-mich-am-Arsch«-Stimme verfluchte ihre spirituellen Anteile, die dafür sorgten, dass Astrid immer für Frieden und Harmonie sorgte und die Bedürfnisse anderer immer über ihre eigenen stellte. Sie zählte jede Menge von Grenzverletzungen auf, die Astrid in der Vergangenheit zugelassen hatte, anstatt sich zu wehren. Astrid war sich dieser Stimme nicht bewusst gewesen, die sich als ganz natürliche, bodenständige Energie ohne jeglichen spirituellen Überbau zeigte. Sie sprach einfach, wie ihr der Schnabel gewachsen war. Astrid war diese Stimme anfangs sehr fremd. Ihre Hauptstimmen waren der felsenfesten Überzeugung, so könne man doch nicht mit seinen Mitmenschen umgehen. Doch sie hatte in ihrem Umfeld immer wieder mit Menschen zu tun, denen Annas Bedürfnisse egal zu sein schienen. Als Astrid ganz bewusst begann, die Energie der »Leck-mich-am-Arsch«-Stimme mehr zu leben, konnte sie erkennen, wie hilfreich sie als Gegengewicht zu ihren spirituellen Stimmen und Helfer-Anteilen war.

Mit Voice Dialogue den Weg zu den Schattenanteilen frei zu machen, bedeutet immer, zunächst mit den Hauptstimmen zu arbeiten, die für die Verdrängung ihrer Gegenseite sorgen. Sie sind sozusagen die Wächter des Schattens, denen es wichtig ist, dass Verdrängtes auch verdrängt bleibt. Dafür gibt es immer gute Gründe in der Lebensgeschichte es Klienten. Es ist sehr berührend, wenn eine Hauptstimme erkennt, dass ihre Arbeit irgendwann im Leben eines Menschen sehr wichtig war, dass es ihm heute jedoch nicht mehr unbedingt guttut, wenn er ihr folgt. Da Hauptstimmen letztendlich immer das Wohl der Person im Blick haben, auch wenn dies auf den ersten Blick nicht ersichtlich ist, geben Sie freiwillig ihre einseitige Position auf, vor allem dann, wenn sie merken, dass ein Bewusstes Ich sich um das Innere Kind kümmert und sie von den Vorteilen der Integration eines Schattenanteils überzeugt.

Schattenaufstellungen – Aufstellungen des inneren Systems

Als ich die Arbeit der Familienaufstellung von Bert Hellinger vor vielen Jahren kennenlernte, hatte ich schon mehrere Jahre mit Voice Dialogue gearbeitet. So entstand die Idee, dass es für Klienten sehr hilfreich sein könnte, auch das innere System, die inneren Stimmen, aufzustellen. Ich experimentierte zunächst mit befreundeten Kollegen, und siehe da, ich erhielt von allen Seiten Bestätigung, dass diese Art der Aufstellung äußerst effektiv war. Seitdem ist sie

unabdingbarer Bestandteil meiner Arbeit. Ich möchte die Methode hier erstmals in Schriftform vorstellen.
Zu einer Aufstellung des inneren Systems gehören:

- das Bewusste Ich,
- eine oder mehrere Hauptstimmen,
- das Innere Kind,
- die verdrängten Anteile, der Schatten.

Ich arbeite zunächst heraus, welche Anteile an einem bestimmten Problem beteiligt sind. Nehmen wir einmal an, jemand kommt mit einem Burn-out in Therapie. In diesem Fall gibt es meist einen starken inneren Antreiber. Dieser Antreiber ist der festen Überzeugung, dass das Innere Kind am ehesten geschützt ist und Zuwendung erhält, wenn die Person Leistung bringt, auch wenn das auf Kosten der Gesundheit geht. Dafür muss der Antreiber einen inneren Genießer verdrängen.
Der Klient wählt also vier Stellvertreter oder, wenn die Aufstellung in einer Einzelsitzung durchgeführt wird, vier Platzhalter aus: für das Bewusste Ich und den Antreiber, das Innere Kind und den Genießer. Er positioniert das Bewusste Ich in der Mitte des Raumes und stellt die Anteile in Beziehung zum Bewussten Ich. Der Antreiber steht vielleicht ganz nah hinter ihm, das Innere Kind sitzt weit entfernt in einer Ecke, und der Genießer hat sich abgewandt und steht seitlich von ihm. Nun gibt der Klient jedem der Anteile einen Satz, den er zum Bewussten Ich (zu sich selbst) sagen könnte. Der Antreiber meint vielleicht: »Los, jetzt mach endlich! Schneller!« Der Genießer könnte sagen: »Ich will endlich leben!« Und das Innere Kind seufzt: »Ich bin ganz allein.«

Die inneren Stimmen sagen nun abwechselnd diese Sätze, und das Bewusste Ich (der Klient) spürt nach, wie es ihm dabei geht. So werden das innere Ungleichgewicht und die Einstellung des Bewussten Ich zu den Stimmen deutlich. Es kann beispielsweise sein, dass es nur den Antreiber hört, mit ihm völlig identifiziert ist. Das Innere Kind wird als lästig empfunden und einfach ignoriert. Und zum Genießer sagt das Bewusste Ich: »Es wäre ja schön, mehr zu genießen, aber es geht leider nicht.«

Nun werden die Stimmen nach ihrer Befindlichkeit befragt. Der Antreiber könnte sich sehr mächtig fühlen und Angst davor haben, dass der Genießer mehr Platz für sich beansprucht. Das Innere Kind beginnt vielleicht zu weinen, und der Genießer könnte drohen: »Wenn du nicht mehr auf mich hörst, lege ich dich völlig lahm!«

Nun wird herausgearbeitet, was die Stimmen vom Bewussten Ich brauchen, damit es ihnen besser geht. Eine Hauptstimme kann erst loslassen, wenn sich das Bewusste Ich um das Innere Kind kümmert. Und ein Schattenanteil wird erst dann mehr in Erscheinung treten, wenn das Bewusste Ich die Hauptstimme einerseits für ihre Bemühungen gewürdigt hat, ihr andererseits aber auch Grenzen setzt.

Danach gibt das Bewusste Ich den Stimmen eine neue Position. Die Aufstellung ist beendet, wenn alle Stimmen und das Bewusste Ich einen guten Platz im System gefunden haben und sich wohlfühlen. Ich möchte im Folgenden eine Aufstellung in Kurzform anhand eines Beispiels skizzieren.

Petra kommt in eine meiner Gruppen mit dem Anliegen, sie möchte sich von ihrem Mann mehr gesehen fühlen. Sie ist äußerst wütend darauf, dass er ihr so wenig Aufmerksamkeit schenkt. Ihre Wutausbrüche belasten die Ehe sehr. Ich frage Petra, ob sie eine Ahnung hat, was unter der Wut verborgen ist. Sie verneint zunächst. Ich warte. Plötzlich fängt sie zu weinen an.

Wir stellen mit Stellvertretern auf: Petra (ihr Bewusstes Ich), die Wut und den traurigen Anteil, der sich als Inneres Kind herausstellt. Darüber hinaus stelle ich noch ihren Mann auf.

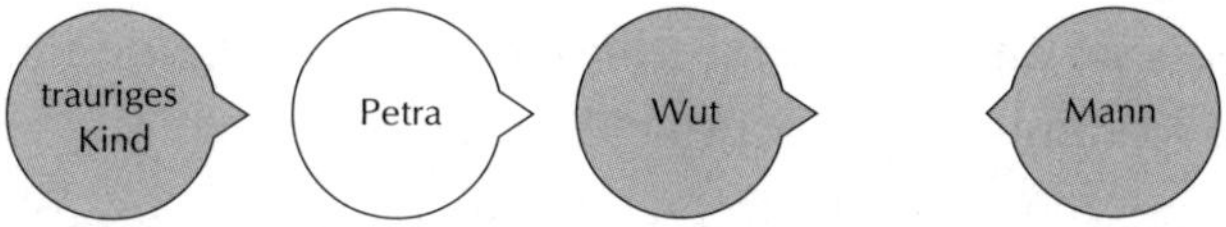

Petra gibt der Wut den Satz: »Lass mich doch in Ruhe!« Das Innere Kind ist sprachlos, es sitzt zusammengekauert am Boden, wird immer kleiner, fast unsichtbar und möchte sich auflösen. Der Mann ist irritiert, er sieht nur die Wut. Petra (ihr Bewusstes Ich) und das Innere Kind sind für ihn nicht sichtbar. Das Bewusste Ich ist verzweifelt, es spürt deutlich die Wut. Das Innere Kind wird von ihm nicht gesehen und will mit ihm nichts zu tun haben. Stattdessen soll ihr Mann sich um das Kind kümmern. Dass das nicht funktionieren kann, wird Petra sehr schnell deutlich. Ich ersetze die Stellvertreterin für das Bewusste Ich durch Petra selbst und lasse sie noch einmal spüren, wie es ihr geht, bevor ich sie sich zu ihrem Inneren Kind umdrehen lasse.

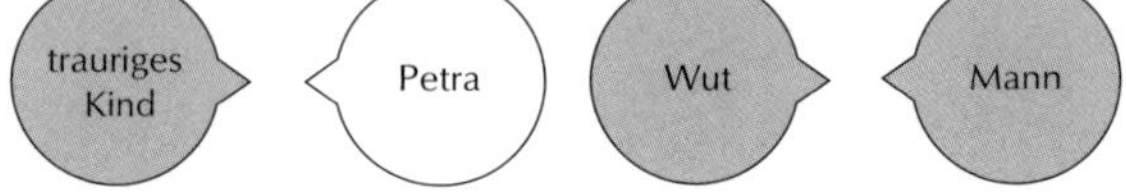

Petra ist sehr berührt davon, wie schlecht es dem Kind geht. Sie beugt sich zu dem Kind und nimmt es bei den Händen. Ich lasse sie sagen: »Es tut mir leid, dass ich mich nicht um dich gekümmert und stattdessen zu meinem Mann geschoben habe. Ich verspreche dir, ich werde es lernen, mich liebevoll um dich und deine Bedürfnisse zu kümmern.« Das Innere Kind atmet sichtlich erleichtert auf. Es muss diese Sätze noch mehrmals von Petra hören, bevor es ihr glauben kann. Anschließend nimmt Petra das Kind bei der Hand und dreht sich wieder um. Das Kind ist nun an ihrer linken Seite. Die Wut stelle ich auf ihre rechte Seite.

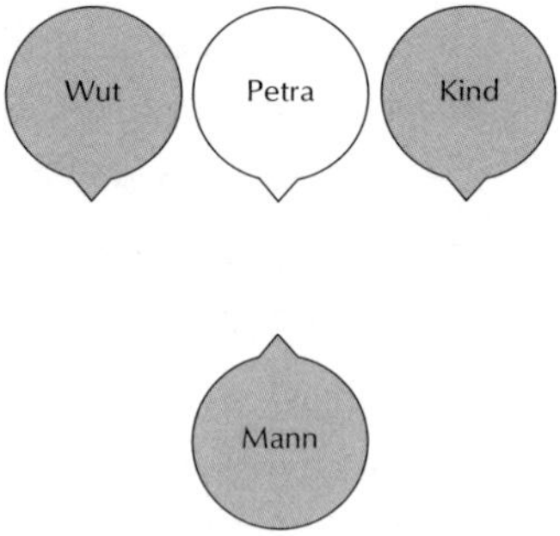

Nun wendet sich Petra der Wut zu. Seit sie sich um das Kind kümmert, fühlt sich die Wut entlastet. Petra sagt zu ihr: »Du warst sehr wichtig für mich. Du hast versucht, mein Inneres Kind zu schützen. Aber das war kein wirklich guter Schutz für das Kind. Jetzt übernehme ich diese Aufgabe.« Die Wut ist damit einverstanden, befürchtet aber, dass Petra sie jetzt in die Wüste schickt. Ich lasse Petra zur Wut sagen: »Keine Angst. Ich brauche dich nach wie vor. Aber jetzt bestimme ich, wann und in welchem Umfang du zum Einsatz kommst.« Sie sagt dies mit kräftiger, selbstbewusster Stimme. Die Wut nickt. Nun wendet sich Petra ihrem Mann zu. An ihrer rechten Hand hat sie die Wut, an der linken das Innere Kind. Dem Mann geht es viel besser, als er dieses Bild sieht. Auch er fühlt sich entlastet. »Jetzt sehe ich auch dein Inneres Kind«, sagt er. »Das macht es mir leichter, dir das zu geben, was du brauchst.« Petra lächelt.

Abschließend zeige ich ihr, was sie zu ihrem Mann sagen könnte, wenn er sie verletzt. Ich lasse sie zu ihm sagen: »Was du gerade getan hast, hat mich sehr getroffen. Und ich möchte nicht, dass du so mit mir umgehst.« So ist sie in Kontakt mit der Verletzlichkeit des Inneren Kindes und mit der Wut. Sie teilt ihm beide Seiten aus einem Bewussten Ich heraus mit. Der Mann kann das gut annehmen. Die beiden umarmen sich. So beenden wir die Aufstellung.

Aufstellungen des inneren Systems sind unter anderem deshalb so hilfreich, weil sie den Klienten in die Lage versetzen, zu spüren, wie es ihm und anderen Menschen geht, wenn eine innere Stimme aktiv ist. Anders als bei einer Familienaufstellung kann er selbst etwas verändern, indem er verschiedene Anteile, die am Problem beteiligt sind, kennen- und steuern lernt. Er wird in der Aufstellung befähigt, aus einem Bewussten Ich heraus zu handeln und sich all seiner Anteile anzunehmen. So verändert sich immer auch etwas in seinem Umfeld, im äußeren System.

In einer anderen Sitzung bringt ein Klient folgendes Problem ein: Dirk ist dreißig Jahre alt, mit seiner Partnerin ist er seit zehn Jahren zusammen. Sie haben ein zweijähriges Kind. Er beschreibt seine Partnerin als seine beste Freundin, die ihm sehr viel Freiraum lässt. In seinen Schwiegereltern, die im Nachbarhaus wohnen, hat er großartige Ersatzeltern gefunden. Beruflich ist er sehr erfolgreich. Umso weniger versteht Dirk, dass er plötzlich so unzufrieden ist. Vor einigen Monaten hat er seiner Freundin einen Heiratsantrag gemacht, diesen aber wieder zurückgezogen, nachdem ihm große Zweifel an der Beziehung kamen. »Ich habe doch alles, was ich mir immer gewünscht habe«, sagt Dirk. »Ich verstehe nicht, warum ich plötzlich einen so großen Freiheitsdrang habe. Vor einigen Wochen bin ich für ein paar Tage zu einem guten Freund gezogen, doch ich spürte eine so große Sehnsucht nach meiner Frau und dem Kind, dass ich bald wieder nach Hause zurückgekehrt bin. Nun will meine Freundin, dass ich mich entscheide.«

»Da wohnen offensichtlich zwei Seelen in Ihrer Brust«, sage ich zu Dirk. Er stimmt sofort zu. »Da gibt es den Familien-Dirk und den Single-Dirk«, meint er. Wir stellen Dirk (das Bewusste Ich), den Familien-Dirk und den Single-Dirk auf.

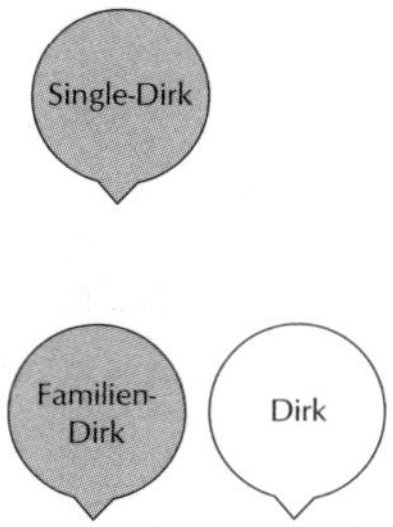

Der Familien-Dirk steht ganz nahe an Dirks rechter Seite. Den Single-Dirk platziert er in einiger Entfernung hinter sich. Der Familien-Dirk versteht die Welt nicht mehr. Er sagt: »Was willst du eigentlich? Du hast alles, was du dir immer gewünscht hast, eine hübsche Freundin, die dich liebt, eine süße Tochter, die besten Schwiegereltern der Welt. Besser könnte es doch gar nicht sein. Du hast viel zu hohe Ansprüche. Außerdem kannst du nicht ein Kind in die Welt setzen und dann verschwinden. Du musst Verantwortung übernehmen.«

Der Single-Dirk wiederum ist sauer, dass er hinter Dirk steht und Dirk viel zu lange ausschließlich auf den Familien-Dirk gehört hat. »Ich finde die Beziehung todlangweilig«, sagt er. »Der Dirk lebt jetzt schon wie ein Sechzigjähriger. Dabei ist er gerade mal dreißig. Das kann doch nicht sein! Außerdem kommt von seiner Freundin nie ein Impuls. Sie macht zwar brav alles mit, was er vorschlägt, aber wenn es nach ihr ginge, würden die beiden nur zu Hause hocken.« Er rät Dirk zur Trennung, denn er will Leidenschaft und vor allem Freiheit.

Als ich mit Dirk die Aufstellung reflektiere, wird klar, dass es für Dirk nur ein Entweder-oder gibt. Entweder er hat Familie und macht viele Kompromisse, oder er ist Single und lebt seine Autonomie. Über ein Sowohl-als-auch hat er noch nie nachgedacht.

Ich sage zu Dirk, dass er langfristig nur dann in einer Partnerschaft bleiben können wird, wenn er beide Seiten in die Beziehung einbringt. Bisher kommt in seiner Beziehung nur der Familien-Dirk zum Vorschein, den Single-Dirk lebt er, wenn er allein weggeht. Dirk hat keine Ahnung, was es bedeuten könnte, den Single-Dirk mehr in die direkte Begegnung mit seiner Partnerin einzubringen. Ich frage ihn, ob er ihr beispielsweise schon mal gesagt, hat, dass er die Beziehung manchmal todlangweilig findet. »Wir streiten nicht«, antwortet Dirk entrüstet. »Wir haben noch nie gestritten.« Es wird klar, dass der Familien-Dirk jede noch so kleine Unzufriedenheit im Keim erstickt, da für ihn Harmonie und Sicherheit ganz oben auf der Prioritätenliste stehen. Streit ist für ihn, der in seiner Kindheit die heftigen Auseinandersetzungen seiner Eltern miterleben musste, eine Katastrophe. Bisher war Dirk sozusagen der Sklave des Familien-Dirks und hat sich dessen Diktat gebeugt. Nach einigen Zwischenschritten stellen wir das Lösungsbild auf.

Dirk nimmt den Familien-Dirk und den Single-Dirk bei der Hand und sagt ihnen: »Ihr seid beide wichtig für mich. Nun wenn ich euch beide lebe, kann ich in einer Beziehung glücklich sein.« Dann wendet er sich dem Familien-Dirk zu: »Ich weiß, dass du Angst hast vor Auseinandersetzungen. Du willst, dass mich alle mögen. Aber wenn ich nur dir folge, dann schnürt es mir die Kehle zu und ich kann nur noch flüchten. Das ist sicher nicht das, was du willst.« Der Familien-Dirk steht den anstehenden Veränderungen skeptisch gegenüber. Er beruhigt sich jedoch, als Dirk ihm versichert, dafür zu sorgen, dass sich der Single-Dirk nicht zu sehr in den Vordergrund drängt.

Dann schaut er den Single-Dirk an und sagt: »Ich wusste nicht, wie wichtig du für meine Zufriedenheit bist. Du kannst mir die Kraft geben, mich in einer Beziehung frei zu fühlen und meine Autonomie zu wahren. Ich verspreche dir, dir mehr Platz in meinem Leben einzuräumen und zu lernen, Auseinandersetzungen nicht mehr zu scheuen.« Der Single-Dirk ist sichtlich bewegt. Er sagt zu Dirk: »Ich will gar nicht, dass du Single bist. Aber es erschien mir als die einzige Möglichkeit, auch mal zum Zug zu kommen. Ich will einfach, dass du frei und unabhängig bist und sagst, was du denkst.« Dirk nickt. Ich lasse ihn abschließend nochmals beide Seiten spüren und beende die Aufstellung.

Projektionen aufdecken – THE WORK von Byron Katie

Eines der wirkungsvollsten Mittel, um Projektionen aufzudecken und sie für unser eigenes Wachstum zu nutzen, ist »The Work« von Byron Katie. Ich habe die Übung so oft für mich selbst durchgeführt, dass sie mir in Fleisch und Blut übergegangen ist. Ich kann sie wärmstens weiterempfehlen. Ein kleiner aber wichtiger Hinweis: Achtung vor dem Inneren Kritiker, wenn Sie die Übung machen! Hier ist sie:

Schreiben Sie auf:
Wen oder was mag ich nicht? Wer oder was macht mich traurig, wütend, ärgerlich? Wer enttäuscht mich? Wer nervt mich?

Ich mag ________________ nicht, weil

____

____

____

Oder:
Ich bin sauer auf (enttäuscht von) ________________ , weil

____

____

____

Wie soll er/sie/es sich ändern?
Was sollte er/sie/es meiner Meinung nach tun?

Ich will, dass ______________________________

____

____

____

Was sollte er/sie/es nicht tun?

Er/sie/es sollte nicht ______________________________

____

____

____

Brauche ich etwas vom ihm/ihr?
Was muss er/sie mir geben, damit ich glücklich bin, damit es mir besser geht?

____

____

____

____

Was denke ich über ihn/sie?
Machen Sie eine Liste:
(Name) ______________________________ ist

____

____

____

Was will ich mit dieser Person nie wieder erleben?
Ich will nie wieder erleben, dass ____________________

____

____

____

Wenn Sie alles aufgeschrieben haben, kommt der spannende Teil: Die Untersuchung mit vier Fragen.

Ist das, was Sie aufgeschrieben haben, wahr?

____

____

Können Sie *wirklich* wissen, ob das wahr ist?

____

____

Wie geht es mir, wenn ich diesen Gedanken denke?
Gibt es einen Grund für mich, an diesem Gedanken festzuhalten?

____

____

Wer wäre ich ohne diesen Gedanken?
Wie würde es mir ohne diesen Gedanken gehen?

____

____

Als letzten Schritt kehren Sie die Gedanken um:
Von »Ich mag XY nicht ...« zu: »Ich mag *mich* nicht ...«

- Von »Ich brauche von ihm ...« zu: »Ich brauche von *mir* ...«, oder zu »*Er* braucht von mir ...«
- Von »Ich will, dass er ...« zu: »Ich will, dass *ich* ...«
- Von »Er ist ...« zu: »*Ich* bin ...«
- Von »Er sollte ...« zu: »*Ich* sollte ...«
- Von »Ich will nie wieder erleben...« zu: »Ich bin *bereit*, wieder zu erleben ...«

Zur Vertiefung kann ich Ihnen wärmstens das Buch *Ich brauche deine Liebe – stimmt das?* von Byron Katie und Michael Katz empfehlen (Arkana 2005).

Lassen Sie sich ehrliches Feedback geben

Haben Sie sich schon einmal ein ehrliches Feedback von einer Freundin oder einer anderen Ihnen nahestehenden Person geben lassen? Haben Sie Ihren Partner oder Ihre Tochter schon einmal gebeten, Ihnen ehrlich zu sagen, was ihrer Meinung nach Ihre Stärken und Schwächen sind? Dazu braucht es Mut von beiden Seiten. Wir sagen dem anderen am liebsten Dinge, die er gern hört. Doch es ist äußerst hilfreich, wenn wir eine uns nahestehende Person bitten, ehrlich zu sagen, wie sie uns sieht, denn Selbstwahrnehmung und Fremdwahrnehmung klaffen oft weit auseinander. Es ist beispielsweise gut möglich, dass Sie sich für einen zuverlässigen Menschen halten, doch Ihr Partner sagt Ihnen, dass Sie immer wieder wankelmütig sind und Ihre Meinung schnell ändern.
Wenn wir von anderen kritisiert werden, nehmen wir meist eine Abwehrhaltung ein, anstatt uns zu fragen, ob an dieser Kritik etwas dran ist. Kritik muss man sich leisten können. Es braucht ein gesundes Selbstwertgefühl und Abstand zum eigenen Drama, um Kritik auszuhalten und sich infrage zu stellen. Wenn Sie also jemanden um eine ehrliche Rückmeldung bitten, sollten Sie darauf achten, dass Sie wirklich offen sind und sich nicht verteidigen, rechtfertigen, Ihr Verhalten erklären oder entschuldigen. Lassen Sie das Feedback einfach so stehen, wie sie es gehört haben, und denken Sie darüber nach. Suchen Sie sich jemanden aus, von dem Sie wissen, dass er den Mut hat, ehrlich zu sein. Folgende Fragen könnten Sie ihm oder ihr stellen:

- Welche drei Eigenschaften oder Verhaltensweisen magst du am meisten an mir?
- Welche drei Eigenschaften oder Verhaltensweisen magst du am wenigsten an mir?
- Was sind deiner Meinung nach meine Stärken?
- Was sind deiner Meinung nach meine Schwächen?
- Welche inneren Anteile bestimmen deiner Meinung nach mein Leben?
- Was fällt mir schwer, es zu leben?

Hören Sie einfach nur zu, und bedanken Sie sich abschließend für die ehrliche Rückmeldung.

Was vermeiden Sie?

Alles, was wir vermeiden, weist auf einen Schattenanteil hin. Spannend ist es, sich zu fragen:

- Wer in mir will, dass ich das vermeide?
- Welcher innere Anteil steckt dahinter?
- Was vermeide ich durch das Vermeiden?

Hinter dem Vermiedenen steckt immer ein Gefühl, das wir nicht haben wollen. Die folgende Übung hilft Ihnen, sich darüber klar zu werden, was Sie vermeiden und warum Sie es vermeiden. Auf den ersten Blick ist das meist gar nicht so einfach zu erkennen. Nehmen Sie sich deshalb für diese Übung genügend Zeit, um nachzuforschen, welchen Dingen Sie aus dem Weg gehen.

Übung: Was vermeide ich?

Was vermeiden Sie? (Zum Beispiel die Aussprache mit jemandem, auf Menschen offen zuzugehen, das Rauchen aufzugeben, allein zu sein, die Arbeit zu wechseln ...)

____

____

____

Warum vermeiden Sie das?
Welches Gefühl vermeiden Sie durch das Vermeiden?

____

____

____

Welche Folgen hat Ihr Vermeiden?

____

____

____

Was würde geschehen, wenn Sie das oben Genannte nicht mehr vermeiden würden?

____

____

____

Was hindert Sie daran, das Vermeiden aufzugeben?

Sind Sie bereit, das Vermeiden aufzugeben?
Wenn nein, warum nicht?

Welches der oben genannten Dinge sind Sie bereit, in den nächsten drei Tagen anzupacken?

Ratschläge für andere zu uns zurücknehmen

So hilflos wir unseren eigenen Problemen manchmal gegenüberstehen, so kompetent fühlen wir uns, wenn es um die Schwierigkeiten unserer Mitmenschen geht. Als Außenstehende scheinen die Probleme anderer geradezu lächerlich leicht zu beheben zu sein, wenn sich das Gegenüber nur etwas mehr anstrengen würde. Deshalb sind wir mit unseren Ratschlägen manchmal schnell zur Stelle.

»Tu dies, lass jenes ...« – wir glauben, Bescheid zu wissen, was dem anderen guttut und weiterhilft, und im Eifer des Gefechtes kann es schon einmal passieren, dass wir auf heftigen Widerstand stoßen. Dann sind wir verwundert oder gekränkt, denn wir haben es doch nur gut gemeint.

Ratschläge sollten niemals ungebeten erteilt werden, da sie sonst leicht als Bevormundung erlebt werden. Neulich sagte eine Freundin, die in einer Ehekrise war, über ihren Mann zu mir: »Ich würde mir so sehr wünschen, dass er aus unseren Gesprächen lernt und sich endlich traut, sich das vom Leben zu nehmen, was ihm zusteht. Sein Selbstwertgefühl ist so schlecht. Er sollte sich von seiner Angst einfach nicht mehr aufhalten lassen. Das sage ich ihm immer wieder. Aber er will es einfach nicht hören.«

Nach einem kurzen Moment des Schweigens fragte ich sie, ob sie Lust habe auf ein Experiment. Sie willigte ein. Ich sagte zu ihr, sie solle doch das, was sie gerade ihrem Mann geraten habe, noch einmal in der Ich-Form wiederholen und überprüfen, ob das Gesagte nicht ebenso auf sie zutreffe. Meine Freundin war betroffen und verblüfft, wie sehr sie über sich selbst gesprochen hatte und bedankte sich bei mir.

Wenn wir anderen Menschen Ratschläge erteilen, so sind das meist Ratschläge, die wir uns selbst geben können. Wie oft saß ich schon in einer Therapiestunde und hörte mich zu meinen Klienten sprechen, wohl wissend, dass das, was ich da soeben gesagt hatte, gleichermaßen für mich selbst galt. Auch wenn es manchmal so scheint, als ob wir völlig unterschiedlich wären, in Wirklichkeit sitzen wir alle im gleichen Boot. Ich kann mich als Therapeutin am besten in jemanden einfühlen, wenn ich das Problem, das mir präsentiert wird, von mir selbst kenne und ich es überwunden habe.

Mein Beruf ist neben der Beratung und Therapie anderer eine ständige Auseinandersetzung mit mir selbst. Klienten wecken Gefühle in mir, und ich kann überprüfen, wo ich gerade stehe. Habe ich eine Wertung, oder kann ich den Menschen so annehmen wie er ist? Und wenn da ein negatives Urteil auftaucht, dann denke ich darüber nach, was bei mir noch nicht integriert ist. Deshalb gibt es für mich keine schwierigen Klienten, sondern allenfalls unerledigte Themen in mir selbst.

Beobachten Sie genau, welche Ratschläge Sie ihren Kindern, Partnern, Freunden und anderen Menschen aus Ihrem Umfeld geben – und wenden Sie diese Ratschläge auf sich selbst an. Wenn Paare zu mir in Therapie kommen, sind sie immer wieder verblüfft, wenn ich ihnen vermittle, dass es völlig ausreichend ist, wenn einer der Partner sich verändert. Meist können sie sich nur zögerlich mit dem Gedanken anfreunden, dass es müßig ist, den Partner verändern zu wollen. Paartherapie bedeutet Arbeit an der eigenen Entwicklung und nicht Arbeit am Partner. In der Regel sind Paare in einer wechselseitigen Abhängigkeit gefangen und sagen: »Ich kann mich nur verändern, wenn du dich auch veränderst.« Doch das ist Kinderkram. Wirkliche Intimität entsteht nicht durch einen Kuhhandel, sondern dadurch, dass wir uns dem Partner öffnen, ohne von ihm zu erwarten, er möge das Gleiche tun. Wenn wir die gut gemeinten Ratschläge, die wir anderen so gern geben, auf uns selbst anwenden und den Partner seiner eigenen Entwicklung überlassen, ist er viel eher bereit, die notwendigen Schritte zu tun. Es fördert unser inneres Wachstum enorm, wenn wir uns nicht als Spezialisten für andere ausgeben und uns über sie stellen, sondern uns selbst weiterentwickeln.

Übung: Ratschläge für andere sind Ratschläge für uns selbst

Denken Sie an jemanden, dem sie schon öfter ausgesprochen oder auch nur in ihren Gedanken einen Ratschlag erteilt haben. Er/sie sollte (nicht) ...

____

____

____

Wandeln Sie dieses »Er/sie sollte (nicht) ...« in ein »Ich sollte (nicht) ...« um. Stimmt diese Aussage nicht ebenso?

Sich verteidigen, rechtfertigen, entschuldigen

Der Schatten zeigt sich bei genauem Hinsehen auch, wenn wir uns verteidigen, rechtfertigen oder für etwas entschuldigen. Wir verteidigen oder rechtfertigen uns nur, wenn ein anderer unser Selbstbild angreift und uns unterstellt, wir hätten in einer Art und Weise gehandelt, die diesem Selbstbild widerspricht. Angenommen, unser Partner bezichtigt uns, wir hätten egoistisch gehandelt. Wenn wir nicht egoistisch sein und stattdessen als großzügiger Mensch wahrgenommen werden wollen, müssen wir das Bild, das der andere von uns zeichnet, zurechtrücken. In diesem Fall erklären wir ihm, unser Verhalten sei doch gar nicht egoistisch gewesen oder rechtfertigen uns durch Aussagen, warum es wichtig war, in diesem speziellen Fall unsere Interessen durchzusetzen. Der andere soll kein falsches Bild von uns kriegen. Wenn für uns jedoch Egoismus nicht per se etwas Schlechtes ist, dann könnten wir auf den Vorwurf des Partners einfach antworten: »Ja, ich war egoistisch. Ich habe mich und meine Interessen an erste Stelle gesetzt. Was ist daran falsch?« Wenn wir uns also verteidigen oder rechtfertigen, dann nur deshalb, weil uns jemand einen ungeliebten Schattenanteil zum Vorwurf macht.

Es lohnt sich auch darauf zu achten, wann und wofür Sie sich entschuldigen. Es gibt Menschen, die permanent um Verzeihung bitten. Man möchte fast meinen, ihre bloße Existenz sei schon eine Zumutung. Sie haben sich ein Korsett aus gesellschaftlichen Zwängen angelegt, das nur wenig Handlungsspielraum lässt. Mit Entschuldigungen machen sie sich klein und hoffen, nicht angegriffen zu werden. Es macht einen kleinen, aber feinen Unterschied, ob ich sage: »Es tut mir leid«, oder ob ich sage: »Entschuldige, bitte.« Im einen Fall übernehmen wir die Verantwortung für unser Handeln, in anderen Fall soll mein Gegenüber etwas tun, nämlich mir die Schuld nehmen.

Es ist spannend, folgenden Fragen nachzugehen:

In welchen Situationen verteidigen Sie sich und wofür?
Was ist Ihre Angst, was würde geschehen, wenn Sie sich nicht verteidigen würden?

____

____

____

Wofür entschuldigen Sie sich? Was glauben Sie, erklären zu müssen? Was würde geschehen, wenn Sie es nicht tun würden? Was fürchten Sie, denkt der andere dann von Ihnen?

Beispiel: Ich fürchte, du hältst mich für unzuverlässig, und dann denkst du ...

____

____

____

____

Was wäre, wenn Ihr Handeln weniger von den Reaktionen anderer Menschen bestimmt wäre?

____

____

Ich möchte an dieser Stelle betonen, dass es mir nicht darum geht, auf soziales Verhalten komplett zu verzichten. Vielmehr geben Ihnen diese Übungen die Möglichkeit, zu erkennen, was Sie vor sich selbst und anderen zu verbergen versuchen – und damit können Sie Ihrem Schatten auf die Spur kommen.

Finden Sie das Gute im Schlechten und das Schlechte im Guten

Unser Verstand hat alle Erfahrungen aus der Vergangenheit gespeichert. Er hat sie einsortiert in verschiedene Fächer: gut und schlecht, richtig und falsch. Das ist sein Job, schließlich will er vermeiden, dass uns in der Zukunft Schlimmes widerfährt. Wertungen und Urteile geschehen, ob wir es wollen oder nicht. Doch es gibt nichts, was nur gut oder schlecht, nur richtig oder falsch ist. Wenn wir eine Eigenschaft oder Verhaltensweise einfach kategorisch ablehnen und sie damit zu unserem Schatten wird, dann kommen wir auch nicht in den Genuss ihrer positiven Kernqualität. Und wir können nicht erkennen, dass in unserem positiv bewerteten Verhalten durchaus ein negativer Kern schlummert. So kann es leicht geschehen, dass ein großzügiger Mensch seine verschwenderische Seite nicht sieht und seinen sparsamen Kollegen als geizig bezeichnet. Erst wenn er die Identifikation mit seiner Großzügigkeit löst, kann er erkennen, dass er manchmal ins Verschwenderische abgleitet, und erst dann muss er seinen Kollegen nicht mehr als geizig abstempeln. Im Gegenteil: Er wird sehen, dass es ihm sehr guttun würde, ab und an etwas sparsamer zu sein.

Es ist manchmal gar nicht einfach, etwas Positives in einem Negativurteil zu erkennen. Doch es ist der Mühe wert, sich darüber Gedanken zu machen. Die folgende Übung biete ich häufig in Seminaren an:

Übung: Was mag ich (nicht) an mir?

Was mag ich an mir?

___

___

___

Was mag ich nicht an mir?

___

___

___

Was ist negativ an dem, was ich an mir mag?

___

___

___

Was ist positiv an dem, was ich nicht an mir mag?
In welcher Situation wäre das Verhalten positiv?

___

___

___

Angenommen, Sie haben aufgeschrieben, dass Sie Ihre Höflichkeit mögen. Nun könnten Sie sich fragen: Ist Höflichkeit immer nur gut?

Was ist negativ an Ihrer Höflichkeit? Woran hindert Sie ihre Höflichkeit? Vielleicht sind Sie in Ihrer Höflichkeit manchmal unehrlich, oder Sie können nicht mehr spontan Ihre Meinung sagen.
Vielleicht lehnen Sie Ihre Schlampigkeit ab. Fragen Sie sich: Was ist positiv an meiner Schlampigkeit? Ist es nicht so, dass Sie vielleicht besser als ordentliche Menschen loslassen können, auch mal Dinge liegen lassen können?
Es ist äußerst lohnenswert, unsere positiven und negativen Urteile aufzuweichen. Es macht uns gnädiger uns selbst und anderen gegenüber.

Projektionsübung
Nehmen Sie einen Gegenstand zur Hand, der für Sie eine Bedeutung hat, der Ihnen am Herzen liegt. Das mag ein Geschenk sein, das Sie von einem lieben Menschen erhalten haben, Ihr Kuscheltier aus der Kindheit, ein Schmuckstück oder einfach ein Stein. Vielleicht machen Sie auch einen Spaziergang in der Natur und bringen von diesem Spaziergang etwas mit nach Hause.
Betrachten Sie den Gegenstand zunächst eingehend. Lassen Sie sich Zeit. Notieren Sie dann:

Was finde ich schön an diesem Gegenstand? Was bewundere ich an ihm?

____

____

____

____

Was gefällt mir nicht an ihm? Was sind seine Mängel und Schwächen?

2.

Schließen Sie nun die Augen, und fühlen Sie sich in den Gegenstand ein. Notieren Sie dann:

Wie geht es dem Gegenstand wohl? Wie fühlt er sich?

3.

Wovon träumt er?

4.

Was sind seine größten Wünsche, Hoffnungen und Sehnsüchte?

5.

Was sind seine Ängste und Befürchtungen?

Was wäre das Schlimmste bzw. das Schönste, das ihm widerfahren könnte?

Gehen Sie nun in einen Dialog mit dem Gegenstand:

Haben Sie eine Frage, die Sie ihm stellen möchten?

Was antwortet der Gegenstand?

Lesen Sie nicht weiter, bevor Sie die Übung zu Ende geführt haben!!!

Lesen Sie nun das Aufgeschriebene in der Ich-Form vor:

- Das bewundere ich an mir ...
- Das sind meine Mängel und Schwächen ...
- So fühle ich mich ...
- Davon träume ich ...
- Usw.

Ich bin ich – und ich bin du. Du bist du – und du bist ich. Wir sind nicht getrennt.

Die folgende Übung ist entstanden, als ich einmal am Marienplatz in München saß und die Menschen beobachtete. Ich konnte sehen, wie mein Verstand über die anderen urteilte: Wie sieht der denn aus? Oh, die macht sich aber ganz wichtig! ... Plötzlich war der Satz da: »Ich bin ich – und ich bin du. Wir sind nicht getrennt.« Meine Reaktion auf diesen Satz war tiefer Friede und Mitgefühl. Seitdem begleitet er mich auf allen Wegen. Wenn ich auf die U-Bahn warte, wenn ich spazieren gehe, wenn ich eine Therapiestunde gebe oder beim Arzt sitze – Gelegenheiten zum Üben gibt es genug. Hier ist die Übung:

Wann immer Sie anderen Menschen begegnen, beobachten Sie aufmerksam, was Sie über diese Menschen denken. Vielleicht gehen Sie auf der Straße und sind genervt, weil ein junger Mountainbike-Fahrer Sie soeben fast umgefahren hätte und Sie zu allem Überfluss auch noch beschimpfte. Wie kann man nur so rücksichtslos sein?

Sagen Sie nun still zu sich selbst: »Ich bin ich – und ich bin du. Du bist du – und du bist ich. Wir sind nicht getrennt.« Spüren Sie diesen Worten dann nach. Was machen sie mit Ihnen? Vielleicht denken Sie im ersten Moment: »Ich bin doch nicht rücksichtslos. Was soll das?« Fragen Sie sich, in welcher Lebenssituation Sie selbst schon einmal rücksichtslos waren oder potenziell sein könnten. Erkennen Sie, dass es Rücksichtslosigkeit auch in Ihnen gibt, und dass der junge Radfahrer vielleicht in einer anderen Lebenssituation sehr wohl rücksichtsvoll sein kann. Vielleicht ist er gerade einfach nur im Stress.

Ebenso können Sie verfahren, wenn Sie beispielsweise mit dem linken Fuß aufgestanden sind, der Tag denkbar schlecht begann und Sie missmutig aus dem Haus gehen. Vielleicht kaufen Sie sich beim Bäcker um die Ecke einen Kaffee, und die Verkäuferin ist ausgesprochen nett zu Ihnen. Erinnern Sie sich: »Ich bin ich – und ich bin du... Wir sind nicht getrennt.« Vielleicht fällt es Ihnen dadurch leichter, die gute Laune und Nettigkeit der Verkäuferin auch in sich zu finden.

Wir sind nicht getrennt voneinander. Die Trennung ist eine Illusion. Was wir in anderen Menschen sehen, ist auch in uns. Sich dem zu stellen, ist nicht immer einfach, aber es schafft Verbindung. Den Schatten, den wir häufig auf andere projizieren, nach Hause zu uns zurückzuholen und liebevoll zu umarmen, ist für mich der einzige Weg, wirklichen Frieden zu finden.

Annehmen, was ist

»Alle Dinge werden zu einer Quelle der Lust, wenn man sie liebt.«

Thomas von Aquin

Achtsamkeit für unsere inneren Vorgänge und das Annehmen dessen, was ist, sind die Schlüssel zur Schattenintegration. Wenn wir unsere Wahrnehmungsantennen nach innen richten, werden wir bemerken, dass häufig ein unbemerkter Kampf zwischen unserem Wollen und dem, was sich gerade zeigt, stattfindet. Meist spüren wir nur die Auswirkungen dieses inneren Kampfes, der Kampf selbst ist uns nicht bewusst, da er sehr subtil ist. Ein negativer Gedanke taucht auf, doch wir wollen lieber an etwas Positives denken, ein Angstgefühl zeigt sich, und wir versuchen alles, um die Angst nicht zu spüren. Wir hören schlechte Nachrichten im Fernsehen und denken, die Welt sollte besser sein. Wir wollen den Wahnsinn, der uns umgibt, nicht an uns herankommen lassen. Manches ist so furchtbar, dass wir glauben, es nicht aushalten zu können, würden wir uns wirklich damit beschäftigen. Wir glauben zu wissen, was richtig und was falsch ist und »ur-teilen«, das heißt, wie teilen das »Ur«, das Ganze.

Alles anzunehmen, was in diesem Moment ist, darf nicht mit Gleichgültigkeit und Nichthandeln verwechselt werden. Wenn Sie in eine Situation geraten, wo Sie angegriffen werden und sich wehren können, dann sollten Sie sich wehren. Wenn es in Ihrer Hand liegt, etwas gegen die Ungerechtigkeit in der Welt zu tun, dann sollten Sie etwas tun. Es besteht ein großer Unterschied zwischen einem »Es ist halt so« und einem »Es darf so sein«. Das eine ist eine resignative Haltung des Hinnehmens, die zur Untätigkeit verdammt, das andere stimmt allen Möglichkeiten, die es gibt, zu. Sie können sich wehren, wenn es angemessen ist, aber Sie stimmen auch der Ohnmacht zu, wenn Sie nichts tun können.

Es gibt ein bekanntes Gebet, das Reinhold Niebuhr zugeschrieben wird. Es hat eine große Kraft:

> *Herr, gib mir den Mut, das zu verändern, was ich verändern kann; gib mir die Kraft, das anzunehmen, das nicht änderbar ist; und gib mir die Weisheit, das eine vom anderen zu unterscheiden.*

Was viele Menschen tun, ist, gegen das zu kämpfen, was sich nicht verändern lässt. Sie hadern mit der Vergangenheit, die schon längst vorbei ist und damit nicht mehr beeinflusst werden kann. Weit verbreitet ist auch der Glaube, wenn wir etwas annehmen, wie es ist, dann würde es sich ja nie verändern. Doch Veränderung geschieht häufig gerade dadurch, dass wir aufhören, etwas verändern zu wollen. Und das, was wir bekämpfen, wird paradoxerweise durch das Bekämpfen stärker. Im Annehmen wird eine neue Kraft frei, die sich nicht mehr erschöpft im Kampf gegen die Wirklichkeit.
Der spirituelle Lehrer Christian Meyer schreibt in *Texte zum Aufwachen* (zeit-und-raum 2009):

> *»Zustimmen bedeutet weder zu beurteilen, dass es falsch ist, noch zu sagen, dass es richtig ist. Zustimmen bedeutet anzunehmen, dass es da ist, einfach weil es da ist. Und es bedeutet, dass es da sein darf, schlicht weil es da ist und weil ich nicht derjenige bin, der beurteilen kann, ob und warum irgendetwas richtig, gut oder schlecht ist. Dadurch wird man demütig.«*

Der Verstand findet Tausend und mehr Gründe, warum es besser ist, uns vom Schatten abzuwenden, ihn zu bekämpfen. Er lässt uns glauben, wir würden völlig allein sein, von allen Menschen abgelehnt werden. Er flüstert uns ein, wir würden total verarmen und unter der Brücke landen. Und nicht zuletzt verkauft er uns als Wahrheit, dass wir es nicht überleben werden, wenn wir uns dem Schatten liebevoll zuwenden. Doch wir haben die Wahl, dem Verstand zu glauben oder nicht. Wenn wir in unser Herz lauschen, dann finden wir dort die Gewissheit, dass es gerade der Schatten ist, der unserer Liebe bedarf. Und was wir lieben, lässt uns frei.

Zum Abschluss

Über den großen Zen-Meister Hakuin erzählt man sich folgende Geschichte: In dem Dorf, in dem er lebte, wurde einst ein Mädchen schwanger. Ihr Vater wollte um jeden Preis den Namen des Kindsvaters wissen, und so nannte das Mädchen schließlich, um einer Strafe zu entgehen, den Namen von Hakuin.

Da Hakuin ein sehr geachteter Mann war, schwieg der Vater, aber kurz nach der Geburt brachte er das Kind sofort zu dem Zen-Meister und machte ihm heftige Vorwürfe. »Wie kannst du nur meine Tochter schwängern!«, schalt der Vater.

Doch Hakuin sagte nur: »Ach, ist das so?« – und nahm das Baby in seine Arme. Von diesem Tag an sorgte er liebevoll für das Kind, trug es mit sich herum und erbettelte bei den Nachbarn Milch. Viele seiner Schüler waren empört und

wandten sich gegen ihn. Doch Hakuin sagte kein einziges Wort.
Es verging ein ganzes Jahr, da hielt die Mutter die Trennung von ihrem Kind nicht länger aus. Sie gestand ihrem Vater die Wahrheit, und dieser eilte zu Hakuin, warf sich vor ihm auf die Knie und bat ihn vielmals um Vergebung.
Hakuin sagte lediglich: »Ach, ist das so?« – und gab ihm das Kind zurück.

Es ist Zeit für mich, Abschied zu nehmen. Ein Buch wird nie »fertig«, es bleibt immer unvollkommen. Doch nur indem ich es unvollkommen lasse, kann es für Sie vielleicht ein Neuanfang werden.

Ihre
Ulrike Dahm

PS:
Über Rückmeldungen freue ich mich sehr.
Hier sind meine Kontaktdaten:

Ulrike Dahm
Gartenstr. 20
82008 Unterhaching
Tel. 089-6118847

info@wege-zum-selbst.de
www.wege-zum-selbst.de

Quellen

- Abdi **Assadi:** *Schatten auf dem Pfad.* Theseus 2011
- Brandon **Bays:** *The Journey – Der Highway zur Seele.* Ullstein 2009
- Robert **Bly:** *Die dunklen Seiten des menschlichen Wesens.* Droemer Knaur 2000
- **Gangaji:** *Der Diamant in deiner Tasche.* Arkana 2009
- Khalil **Gibran:** *Der Prophet.* Patmos 2003
- Georg Wilhelm Friedrich **Hegel:** *Phänomenologie des Geistes.* Vorrede (*Das Wahre*). Ullstein 1970
- Doris **Iding:** *Alles ist Yoga. Weisheitsgeschichten aus dem Yoga.* Schirner 2010
- Carl Gustav **Jung:** *Archetypen.* dtv 1990
- Verena **Kast:** *Der Schatten in uns: Die subversive Kraft.* dtv 2002
- Byron **Katie:** *The Work.* Arbeitsbogen
- Byron **Katie**/Michael **Katz:** *Ich brauche deine Liebe – stimmt das?* Arkana 2005
- Dawna **Markova:** *Die Versöhnung mit dem inneren Feind.* Junfermann 1997
- Christian **Meyer:** *Texte zum Aufwachen.* zeit-und-raum 2009
- Alice **Miller:** *Abbruch der Schweigemauer.* Hoffmann und Campe 1990
- Esther **Perel:** *Wild Life. Die Rückkehr der Erotik in die Liebe.* Piper 2008

- Luise **Reddemann:** *Psychodynamisch imaginative Traumatherapie.* Pfeiffer 2004
- Sogyal **Rinpoche:** *Das tibetische Buch vom Leben und Sterben.* Fischer 2004
- Gabrielle **Roth:** *Das befreite Herz.* Heyne 1995
- Frank **Schirrmacher:** *Payback.* Blessing 2009
- Wolfgang **Schmidbauer:** *Das Glück der Verdrängung.* In: *ZEIT-magazin.* Heft 13/2009
- Thich Nhat **Than**: *Innerer Friede – Äußerer Friede.* Theseus 2001
- Ken **Wilber:** *Wie man Projektionen zurücknimmt.* In: **Zweig/Abrams** (Hrsg.): *Die Schattenseite der Seele.* Scherz 1995
- Connie **Zweig**/Jeremia **Abrams** (Hrsg.): *Die Schattenseite der Seele.* Scherz 1995

Über die Autorin

Ulrike Dahm ist Heilpraktikerin für Psychotherapie und arbeitet seit 20 Jahren in eigener Praxis in Unterhaching bei München – mit systemischer Einzel-, Paar- und Familientherapie, Sexualtherapie, Traumatherapie u. v. m.
Sie ist Ausbilderin für Voice Dialogue und Autorin mehrerer Bücher.